尽 善 尽 美　　弗 求 弗 迪

创业
开公司

乔杨◎著

电子工业出版社
Publishing House of Electronics Industry
北京·BEIJING

内容简介

随着创业热潮的来袭，加入创业大军的人越来越多，但是创业者们要知道，创业并不是一条简单的路，而是一场艰苦的修行。对于第一次创业的新手来说，多学习前人的经验，吸取他们的教训是通向成功的快捷路径。

本书从资源积累到财务管理，对创业进行了详细的介绍，通过对数十位创始人进行采访，为创业者呈现创业真实的样子，以此对创业者进行警示，可以帮助创业者解决一些创业中的困难。

未经许可，不得以任何方式复制或抄袭本书之部分或全部内容。
版权所有，侵权必究。

图书在版编目（CIP）数据

创业开公司 / 乔杨著．— 北京：电子工业出版社，2023.2
ISBN 978-7-121-44470-8

Ⅰ．①创⋯ Ⅱ．①乔⋯ Ⅲ．①创业－指南 Ⅳ．① F241.4-62

中国版本图书馆 CIP 数据核字（2022）第 200522 号

责任编辑：王小聪
印　　刷：三河市鑫金马印装有限公司
装　　订：三河市鑫金马印装有限公司
出版发行：电子工业出版社
　　　　　北京市海淀区万寿路 173 信箱　邮编：100036
开　　本：720×1000　1/16　印张：14.25　字数：188 千字
版　　次：2023 年 2 月第 1 版
印　　次：2023 年 2 月第 1 次印刷
定　　价：69.00 元

凡所购买电子工业出版社图书有缺损问题，请向购买书店调换。若书店售缺，请与本社发行部联系，联系及邮购电话：（010）88254888，88258888。
质量投诉请发邮件至 zlts@phei.com.cn，盗版侵权举报请发邮件至 dbqq@phei.com.cn。
本书咨询联系方式：（010）57565890，meidipub@phei.com.cn。

前言
PREFACE

经济全球化对我国经济发展来说既是机遇也是挑战。在这种大环境的影响下"创业"成为一个热门词汇，尤其是如今有很多年轻人不想受上司束缚，也想过一次当老板的瘾，于是一批又一批的有志青年纷纷奔向创业之路。然而，创业当老板并不是一件轻松的事。作为一家公司的创始人，创业者所承受的压力与工作强度是普通人难以想象的。

很多创业者都认为自己是"天选之子"，只要开始创业就必定能够成功。这些创业者并未在创业之前把一些关键性的问题解决掉，而是选择走一步看一步，幻想着一切都能按自己的计划发展，而忽视了现实的残酷，甚至当走到创业尽头时还认为自己只是运气不好。

根据彭博社的数据，初创公司中有80%的公司只生存了18个月就倒闭了。同时，斯坦福大学联合硅谷企业家和10个孵化器对互联网等领域中的3200个高成长创业公司进行了调查，结果也显示92%的公司撑不过1000天。

创业者的失败并不能完全归咎于创业者的运气不好，要知道，创业路上有很多陷阱，稍有不慎就会跌进去。那么，创业者有没有什么办法可以规避这些风险呢？这个问题唯一的答案就是学习。通过学习吸取前人的经验，避免自己出现类似的错误。

本书基于对多名创业者的采访，整理了一些创业者最容易遇到的创业陷阱，其中有大量创业失败的实际案例供各位创业者参考。

本书的内容大都源于真实生活，采用的也都是发生在创业者身边的实际案例，其中既包括创业成功的案例，也包括创业失败的案例。无论成败，这些案例大都能够折射出创业公司在创业时所遇到的种种困境及各种发展难题。创业者在阅读本书后一定会有更深刻的感悟和体会，从而尽量规避创业风险，创造属于自己的成功。

本书希望能够用切实可行的方法，帮助创业者避开创业陷阱，实现公司的长久生存与发展。创业者要想经营好一家公司，不仅要有百折不挠的精神，还要有好的方法。好的方法仿佛是一条高速公路，能够让创业者迅速成功。

本书力图描述一个真实的创业场景，将创业过程中的陷阱一一排除，针对创业公司要面临的各种挑战给出切实可行的应对方法，希望能够帮助创业者解决从公司创办到公司发展过程中可能出现的问题。

最后，给各位创业者一个忠告：创业失败是常态，因此要在创业过程中保持平常心。而且，创业留给创业者最宝贵的财富并不是钱财，而是成功或失败的经验。

目录
CONTENTS

第 1 章　不忘初衷：实现梦想须脚踏实地 / 1
1.1　"实现财务自由"与"改变世界"无对错 / 1
1.2　生存下去才是硬道理 / 2
1.3　赚合理的钱，走更远的路 / 4
1.4　为了使命而工作 / 6
1.5　三招治愈创业"自嗨症" / 8
1.6　输了格局，再怎么努力都不可能赢 / 11
1.7　你永远赚不到你看不懂的钱 / 14

第 2 章　关键技能：高效搜集与利用信息 / 17
2.1　影响公司发展的三大信息 / 17
2.2　合伙创业时如何共享信息 / 22
2.3　从创业网站上寻找有效资料 / 24
2.4　建立人际关系，多听、多看 / 26
2.5　关注时事新闻，发掘商机 / 28
2.6　降低信息的获取成本 / 31

第 3 章　合伙创业：股权分配与争议处理 / 35
3.1　寻找创业合伙人的渠道 / 35
3.2　合伙人入股方式 / 40
3.3　合伙创业可能遇到的问题 / 45
3.4　股东纠纷如何解决 / 51

第 4 章　产品设计：落实创意，迎合需求 / 55

4.1　找准产品定位，保证差异性 / 55

4.2　切割品类，走爆款路线 / 57

4.3　适当提升价格，打造轻奢产品 / 58

4.4　创新品类，重新定义细分领域 / 59

4.5　撰写全面、有条理的产品需求文档 / 63

第 5 章　差异化营销：建立局部竞争优势 / 67

5.1　选择正确的竞争对手 / 67

5.2　价格是确定的，价值是不确定的 / 70

5.3　痛点、痒点、兴奋点 / 74

5.4　比附营销策略 / 77

5.5　营销中的"降维打击" / 81

第 6 章　品牌塑造：产品溢价的开始 / 85

6.1　官方网站：信任 + 专业 + 保障 / 85

6.2　媒体背书：权威 + 多元化 / 88

6.3　低成本曝光：利用新媒体 / 91

6.4　行业大咖背书：增加可信度 / 94

6.5　创始人站台：提高品牌辨识度 / 95

6.6　延迟发声：学会低调 / 98

6.7　堵不如疏：妥善应对舆情 / 100

第 7 章　克隆参照物：创业公司成长捷径 / 105

7.1　BAT 是创业者的参照物 / 105

7.2　克隆四步走：寻找、观察、选择、出击 / 106

7.3　区隔策略：能战则战，不战则退 / 108

7.4　瞄准垂直领域，弯道超车 / 113
7.5　实施克隆要考虑实际环境 / 116
7.6　创新型克隆：创新与克隆的融合 / 119
7.7　如何打破克隆防御 / 122

第 8 章　整合资源：合作互补，实现共赢 / 127

8.1　整合≠找到 B 来满足 A 的需求 / 127
8.2　列出详细的资源清单 / 129
8.3　如何利用好有限的自有资源 / 131
8.4　向上借势，向下捆绑 / 133
8.5　步步为营：资源整合的四个阶段 / 136
8.6　如何建立合理的利益分配机制 / 140
8.7　创业者要有眼光和魄力 / 142
8.8　把握资源，借力打力 / 144

第 9 章　学会花钱：该花则花，该省则省 / 147

9.1　不同发展时期的花钱之道 / 147
9.2　三大花钱问题：场地、员工、预算 / 149
9.3　创业者个人财务管理 / 151
9.4　拿到投资，该花钱还是省钱 / 153
9.5　掌握花钱的节奏 / 156

第 10 章　利润率分析：寻找成功之道 / 159

10.1　放宽眼界，平均水平不是终点 / 159
10.2　分解成本，逐项节约 / 162
10.3　跨界融合，寻找成本压缩点 / 165
10.4　延伸产业上下游，挖掘利润蓝海 / 168

第 11 章　现金流管理：以始为终 / 171

11.1　现金流及现金流管理的重要性 / 171
11.2　读懂三大财务报表 / 175
11.3　监控三个关键指标 / 178
11.4　如何控制现金流出量 / 181
11.5　区分增值和非增值活动 / 183
11.6　现金流管理的七大法则 / 186
11.7　选择合适的现金流管理模式 / 189

第 12 章　贷款经营：冷静应对危机 / 193

12.1　面对威胁、恐吓，不要自乱阵脚 / 193
12.2　善用证据链让你的案件更有胜算 / 196
12.3　如何有效催讨债务 / 198
12.4　"加杠杆"要适度 / 202
12.5　警惕"714高炮"陷阱 / 204

第 13 章　低成本倒闭：面对败局及时止损 / 209

13.1　重压之下，创业者更要保重自己 / 209
13.2　理智看待创业失败 / 211
13.3　申请破产的好处 / 214
13.4　严格执行公司注销程序 / 216

第 1 章　不忘初衷：实现梦想须脚踏实地

不同创业者的创业初衷通常是不同的，例如，有些创业者是为了实现财务自由才开始创业，而有些创业者则有更远大的目标，即通过创业改变世界。然而，创业不是一件易事，创业者除了要有格局和使命感以外，还要坚持赚合理的钱，并想办法治愈自己的"自嗨症"，从而更好地规避创业风险。

1.1　"实现财务自由"与"改变世界"无对错

为什么要创业？创业的最终目的是什么？这是每位创业者都会思考的问题。这些问题的答案无外乎两种：实现财务自由和改变世界。

俞敏洪认为任何不以挣钱为目的的创业都是"耍流氓"，而锤子手机的创始人罗永浩却明确表示他创业是为了改变世界。实现财务自由和改变世界，到底哪个才是正确的创业目的？

讲述人：乔先生

单位：北京某数字科技公司

职务：CEO

讲述要点：创业者应该有一个明确的目的

创业者一定要清楚自己创业的目的，不管在哪个领域，开展什么样的业务，创业者都要清楚地知道自己为什么要做这件事、这件事的意义是什么、它如何实现你的人生价值，以及它对社会有怎样的贡献。有很多创业者仅凭一时冲动就开始创业，其实根本不清楚自己创业的初衷是什么，通过创业想得到什么。

大众创业的目的大致有两种：一种是实现财务自由，把公司做大、做强，然后上市持有股份，实现它的现金价值；另一种是给社会带来巨大的变化，有些人不考虑金钱的问题，只要他认为自己做的事情是有意义的，就足够了。

这两种创业目的并没有对错之分，只是个人的追求不同而已。不管是哪一种，创业者一定要有一个明确的目标，并认可这一目标，从而全身心地投入。

不管是就业还是创业，干哪一行都需要艰苦奋斗和努力付出。只要是发自内心地想创业，就能坚持下去。

1.2 生存下去才是硬道理

创业是一件让人心潮澎湃的事，但是能够创业成功的人却很少。

天眼查提供的数据显示，2011—2020 年，中国每 7 秒就会诞生一家创业公司，但是彭博社的调查指出，有 80% 的初创公司只生存了 18 个月就倒闭了。同时，斯坦福大学联合硅谷企业家和 10 个孵化器对互联网等领域中的 3200 个高成长创业公司进行了调查，结果也显示 92% 的公司撑不过 1000 天。可见，现实有多残酷。

许多创业者在创业初期踌躇满志，给公司绘制了详细的蓝图：每年能挣多少钱，几年内能成为行业翘楚。他们满脑子都是对美好未来的期望，殊不知当他们这样想的时候就注定要失败。对于创业公司来说，只有生存下去才是硬道理。

　　如今这个时代，创办一家公司如同在烧钱，如果在 6 个月内公司无法实现盈亏平衡，基本上就意味着创业失败了。那么，创业公司应该如何生存下去呢？需要做到以下三点。

1. 摒除一切自以为良好的东西

　　创业公司中的每个人都有自己的创意和想法，但并不是所有的创意都能够成功。如果公司选择去一一验证创意是否能够成功，那么这个公司就是在浪费时间和资源，走向死亡是迟早的事情。

　　生存才是一家公司面临的主要问题，所以创业者衡量创意的标准只有一个，就是这样做是否值得。是否值得，对公司来说就是能否给公司带来收入和利润。如果不能，即使再好的创意也要及时果断地否定。

　　在创业初期资源匮乏的情况下，对资源的投入产出比必须严格控制。对于创业公司来说，那些只能开出美丽的"花朵"却不能结出"果实"的创意都是没有价值的。

2. 聘请有野心且充满热情的员工

　　创业者不必要求员工把工作当作使命，也不必要求他们以公司的发展为自己工作的唯一目标，但是员工一定要有野心并充满热情，而员工的野心及热情通常是被创始人设定的公司使命所激发和鼓舞的。因此，不论你在哪个领域创业，规模如何，公司的使命都至关重要，因为它决定了追随你的将是怎样的一群人。

　　创业公司聘请的员工必须是能够清楚地知道自己想从公司中得到什么的人，因为这样的员工一定会执着于实现自己的目标。同时，这样的员工也会感染公司的其他员工，使其他员工逐渐被同化。如此一来，创业公司就如同一头刚出笼的猛兽，奋勇向前。

3. 忽略竞争对手

创业公司通常喜欢做行业对标，比如电商领域的创业公司会自然而然地对标京东和天猫。这样的对标尽管看起来志向远大，但实际上没有多大意义。因为公司规模、商业模式、目标客群、商品种类等都存在差异，对标反倒会让创业者失去创新的动力，陷入一味模仿的深渊，继而迷失方向。

在市场上，创业公司的主要关注对象并不是那些竞争对手，而是用户，因为用户是决定一家公司生死存亡的关键因素。因此，创业者要学会忽略竞争对手，带领自己的员工只专注于用最好的体验满足用户的需求。征服了用户，就等于征服了市场。

创业者不需要"杀死"竞争对手，只要建立一道鸿沟，取得胜利是早晚的事。

创业公司要先生存下来，没有生存，何来发展？

1.3 赚合理的钱，走更远的路

原中国银行业监督管理委员会主席刘明康曾经表示，创业成功离不开三个坚持，其中之一就是坚持不追求浮钱和快钱。

当下有些人对成功创业者盲目崇拜，而这种崇拜恰恰是急功近利心态的一种体现，创业似乎成为人们追求名利的最佳途径。

然而，这种盲目的、追求快速赚钱的创业方式问题重重。创业的重要前提是符合市场逻辑和价值创造规律，即通过销售的方式给客户提供他们真正需要的产品和服务，进而实现盈利。

融资也是如此，投资者的钱不是白给的。一些创业者发现，一旦拿了某些投资者的钱，公司的目标也会随之改变，可能公司的创业初衷从此不在，一切活动只是为了让投资者满意。由此可见，融资可能是个巨大的坑，创业者一定要谨慎。

讲述人：乔先生

单位：北京某数字科技公司

职务：CEO

讲述要点：选择合适的投资者很重要

第一次创业的时候，我做了一个量化投资平台，主要给个人投资者提供P2P投资服务。在P2P鼎盛时期，据不完全统计市面上就有4000多个P2P平台，到底哪个靠谱，什么标的比较安全，很少有人知道。

我们的产品逻辑很简单：通过量化分析，自动将投资者的资金分散投资到多个平台的多个标的。由于投资标的高度分散，同时基于风险决策引擎的判断及筛选，我们的产品可以保证投资的高效性和安全性。所以，我们的产品相当于帮助投资者做投资决策，并且能分散投资风险，保证安全。同时，我们的产品没有任何人工干预，所以用户体验非常好。

依靠这种业务模式，我们当时只做了3个月，平台上就已经积累了数量可观的用户。当时我们有两个投资方可以选择，一个是一家认同我们业务模式，愿意跟随公司成长壮大的美元基金公司，但是它第一期已经投完，第二期募资需要至少三个月的时间；另一个是一家国内知名的投资机构，它投资的重点在我们的创始团队，承诺只要我们更改业务模式，就马上出资500万元。

第二个投资方觉得我们团队的技术、背景等各方面都非常优秀，但是我们的业务模式有局限性，平台无法达到千万级的用户量，作为投资方它无法得到超额收益。所以，它要求我们扩大服务对象，做一款人人都能用的产品。

因为我们当时急于用钱，所以只能选择第二个投资方作为我们的投资者。

应投资方要求，我们更改业务后也更改了产品名称，把原本的量化投资平台改成了一款创新力不足的理财产品。其实选择第二个投资方是错的，因为投资方的要求违背了我们当初创业的初衷，所以后来我们也没有做大，而是被一家互联网金融公司收购了，我们的团队也被解散了。

这件事对我最大的一个警示，就是在选择投资者时一定要坚持自己的创业初衷。当时那家美元基金公司无论是对我们的团队、模式，还是产品，都表示支持，只是我们需要等待三个月。但是当有现成的500万元放在眼前的时候，我还是禁不住诱惑，一时冲动犯了一个很大的错误。这可能是我创业以来踩的最大的一个"坑"。

面对社会上那些赚快钱的诱惑，创业者稍不注意就可能掉入"深坑"。因此我们一定要用别人的失败经验警诫自己，防止自己摔得头破血流才后知后觉。

真正能将公司发展壮大的创业者都不会走上赚快钱这条所谓的捷径，因为创业者很有可能在赚快钱的路上失去一切。

1.4 为了使命而工作

有很多人觉得创业就是为了赚钱，赚钱才是公司的驱动力，然而事实并非如此。金钱仅是公司最基础的需求，而不能作为公司的使命。如果没有使命，仅追求金钱，公司即便在短时间内能够得到一定发展，最终也会迷失方向。

因此，在这个万众创业的时代，使命对于创业公司尤为重要。公司的使命是公司存在的理由，是其根基。使命感会让创业者不畏艰难，充满热情与能量，为公司发展带来不竭的动力。

从大的角度来看，创业者的使命感会对公司的发展产生影响；从小的角度来看，创业者为公司制定的使命也会对员工产生影响。

讲述人：乔先生

单位：北京某数字科技公司

职务：CEO

讲述要点：使命所起到的激励效果

我认为，我们公司目前在数字科技领域的探索，将会改变整个行业。我们通过大数据、人工智能、区块链，以及物联网等技术，帮助从银行、保险、信托等金融机构到租车、租房平台的各类B端客户提升自己的运营效率。我们相信，未来中国乃至世界的B端市场格局将会被改变。

在员工管理方面，我们公司有一点与众不同，就是我们会花很多时间在公司使命的宣贯上。我们反复向员工强调公司的使命，以及公司能为社会创造的价值。

这样做的原因是，我认为当员工认可公司的使命，知道自己正做的事能够创造很大的社会价值时，他们才愿意全身心投入，而不是只把这份工作当作赚钱的工具。

我们公司没有强制加班的要求，但是我们的团队，尤其是研发团队，都会自发地加班。尤其在项目上线前夕，团队经常会自发地通宵工作，以保证项目按时上线。

我们和国家发改委及新华信用合作开发了一个项目：与各类衣食住行娱相关的场景端合作，通过判断个人用户的社会信用等级，让社会信用良好的人能够享受各种各样便捷的生活服务。员工觉得这个项目可以对中国的社会信用体系建设做出贡献，提高大众对信用的重视程度，让社会信用产生价值。因此，即便没有加班费，在项目开展期间，员工也能够全力投入，经常工作到深夜。

通过宣扬公司的使命，使员工能认同他们的工作，并愿意全身心投入，这点很重要。

不积跬步，无以至千里；不积小流，无以成江海。创业者要有使命感，哪怕你做的工作对于你所在的行业贡献不大，你也要坚持、努力。在面对困难时，想想自己的使命，只要你所做的事对行业、社会有贡献，就值得你咬牙坚持。

1.5 三招治愈创业"自嗨症"

自嗨，网络流行词，是指沉浸在自己的世界里自我感觉良好，不去理会外界的评价。自嗨对创业者来说是致命的，因为一旦屏蔽了用户的声音，创业者就会盲目经营，只看到公司繁荣的假象，不能冷静思考，最终惨败收场。

创业者的自嗨可以分为三个级别：初级自嗨、中级自嗨、高级自嗨。

1. 初级自嗨 —— 嗨想法

创业者应该认清一个的事实：无论你的想法有多好，在市场中大概率一文不值。

很多创业者在创业初期都会觉得自己的产品特别棒，绝对是大家喜欢的，投资者看到这么有潜力的产品一定会投资，产品一上线肯定能占领市场，发展前途一片光明。

但其实，太阳底下无新事。当你产生了一个绝妙的想法时，可能世界上有1000个人也有这个想法，或许这个想法几百年前就有人提出来了。

不过，有想法的人不一定会行动，当你将想法付诸实践时，就已经超越了一半的人。但是付诸实践并不代表一定会成功，最终功成名就的可能只有两三个人。

一个成功的创业公司或许要经历多次转型，为了活下去，在发展过程中可能还会做出一些妥协。而你的想法在实践过程中可能被验证了多次，发现有诸多缺陷，需要不断完善，所以最终在产品上线时，已经不是最初的那个想法了。

因此，最初的想法对大多数创业者来说都不会真正产生价值。

2. 中级自嗨 —— 嗨实力

很多创业者的确拥有一定实力，比如掌握某一方面先进的技术、拥有丰富的经验、丰厚的资金和人脉资源。

这些本来是得天独厚的条件，但如果创业者以此为傲，藐视同行，那就大错特错了。创业并不是拥有某一方面的实力就可以成功的。所有的创业者都在努力，也都有自己创业的"资本"，如果你因某一方面的实力较强就沾沾自喜、盲目自大，那你必定会被别人超越。

3. 高级自嗨 —— 嗨成绩

可能是运气好，也可能是产品质量高，还可能正处在市场上升期，不少创业公司在一开始时顺风顺水。于是，有些创业者在还没了解公司顺利发展的原因时，就陷入了对好成绩的自满中。

没有什么比成功更能让人热血沸腾了。旁人的赞誉、吹捧蜂拥而至，创业者在这个过程中会逐渐被麻痹，最终很可能失去理智，做出不计后果的傻事。

讲述人：陈先生

单位：北京某餐饮公司

职务：负责人

讲述要点：不要被一时的成功蒙蔽双眼

我攒了一些钱之后，开了一家烧烤店。由于资金有限，经过大量比较，最后将店址定在了一个居民区里。我厨艺不错，又把店面装修得很有品位，因此客人的评价很好，回头客也很多。开店没多久，生意就很火爆，用餐高峰期甚至会排起长队。

其实，对于这个店址，我不是很看好，但那已经是我能力范围内能找到的人流量最大的地方了。第一家店的成功给了我很大的信心，我当时被成功蒙蔽了双眼，认为酒香不怕巷子深，在哪里开店都行。

之后再开店，我就没有认真选址。当时我自以为，有招牌在，不管在哪里开店都会有客人。于是，第二家店开在了一个购物中心里，第三家店开在了一个更偏的居民区里。

后来，由于第一家店附近小区施工，靠近店门口的停车场被封了，客人没有位置停车，我的生意一落千丈。在购物中心的店刚开业时稍微好一点，但是因开业活动过后不再打折，生意一直很冷清，还是比不上购物中心里的其他店。第三家店位置实在太偏了，开业时都没有客人，无视店址的结果就是被人们无视。

如果当初我能冷静思考，不盲目扩张，也不会有三家店都惨淡收场的结局。

接下来介绍治愈"自嗨症"的三个招数。

1. 认真去做市场调研

当我们有想法时，一方面要根据市场的反馈尽量去完善，另一方面要认真进行市场调研，以更客观的角度来审视自己的想法。

很多时候，你认为的创意十足的想法可能只是被前人抛弃的失败的"作品"。因此，在创业之前一定要认真去做市场调研。

2. 敬畏用户

不少创业者认为自己的产品非常好，不愁销路。但是，创业者要明白一个道理：产品一定要迎合市场。

将产品投放到市场后，用户的反馈是千差万别的。正所谓众口难调，同一个产品，有的人喜欢，有的人不喜欢，更可笑的是，很多创业者扬扬自得的产品竟是用户根本不需要的。

这个时候创业者需要怎么做？是努力得到用户的认同？还是抱怨用户不识货，没有发现产品的优点？都不是。无论创业者如何证明自己的产品有多么出众，都无法改变用户对产品的偏好。

学会敬畏用户是杜绝自嗨的根本。只有学会敬畏用户，才能从用户的角度去发现问题、解决问题。

3. 脚踏实地设定目标

拿破仑说过，不想当将军的士兵不是好士兵。这告诉我们，人要有远大的目标，但不意味着我们可以一口吃成胖子。做餐饮以麦当劳、肯德基为目标，做电商想超过淘宝、京东，有这个目标可以，但要一步步完成、一点点实现。

最现实、最直接的竞争对手，是在同一水平的竞品，只有超越了它们，再逐步改善自身产品，才能在竞争中获胜。

很多创业者之所以陷入自嗨境地，是因为没有意识到产品需要得到用户的认可。在快速变化的市场中，只有保持谦逊、保持敬畏、脚踏实地，才能做出成绩。而让市场嗨起来，让用户嗨起来，才是真正的成功。

1.6 输了格局，再怎么努力都不可能赢

一个创业者的眼光、战略和胸怀，构成了他的格局，而创业者的格局决

定了公司的未来。输了格局，再怎么努力都不可能赢。

格局小的创业者在遇到挫折时习惯将其自我合理化，而对于别人的成功总忍不住去想其背后的"因素"。

"巴菲特的书只会告诉你他8岁就知道去参观纽交所，但不会告诉你是他作为国会议员的父亲带他去的"一类的文章在朋友圈被疯狂转发。

"将别人的成功归于侥幸或家世好，如果自己有同样的条件一定能做得更好"，用这样的想法来麻痹自己，是注定无法成功的。

相反，格局大的创业者会认为自己和别人的差距是个人的主观能动性导致的。他们会对当前局面进行客观分析，并利用自身的能力使其朝着自己期待的方向发展。

格局小的创业者容易贪婪，看不清市场规律，甚至天真地想把自己的产品卖给所有的人。

现在早已不是物资短缺的时代，市场被一点点细分。如果这时公司以"适合所有人"的理念来设计产品，没有明确的产品定位，那么自然找不到目标用户，更无法占有市场。

贪婪会导致创业者立场不坚定，很容易被外界动摇。他们想要产品拥有更多的功能，便会毫无原则地听取他人的建议进行修改，而这样却很容易将产品做得毫无特点，最终失去产品原有的魅力。

德国哲学家叔本华用象征的方式把作家分为流星、行星、恒星三类。不止作家，各行各业的从业者都可如此分类，创业者也不例外。

流星虽然闪耀，但发光靠的是燃烧自己，而且它的光亮转瞬即逝。实际上，现实中很多创业者都是如此。

行星更耐久，质量体积也更大，但它自己并不发光，外人所看到的只是它反射的恒星的光，它所产生的影响也只是一时的。

恒星则始终靠自己闪耀着，长久存在，并影响照耀到的一切。或许我们会因为恒星距离我们太远而觉得恒星不如行星闪耀，但实际上，只有恒星才能够持久地闪耀。

创业者如果将自己的格局限于一城一池，就不太愿意主动去学习。很多创业者在本地开办的公司发展得还不错，但是到外地开办公司却"水土不服"，这正是因为他们以本地的经营理念或方法去指导外地的公司。

讲述人：李先生

单位：天津某美食城

职务：负责人

讲述要点：缺乏市场调研导致生意失败

我在天津开了一个美食城，运转得还不错，后来在内蒙古也开了一个美食城。但由于没有进行市场调研和评估，美食城开张没多久利润就开始下滑，因长期入不敷出，最终只能关门。

内蒙古地区的人多吃牛羊肉，而美食城却主要销售台湾美食，产品定位不符合市场期待。而且我在前期选址时没有做调研，美食城位于市中心，人均消费水平150元，对当地人来说，很不实惠。

当地人的口味、店址、消费水平等因素，经过调研都是很容易得知的，但是由于我盲目自信，没有认识到市场调研的重要性，最终生意失败。

当前社会处于飞速发展阶段，新技术层出不穷，大大小小的公司崛起又覆灭，市场上创业者前赴后继，都在努力抢占更大的市场。

所以，创业者要有大格局，要稳步前进，不做短暂燃烧自己的流星，不满足于眼前的虚假繁荣，一步步稳扎稳打，才能成为一颗永远闪耀的恒星。

1.7 你永远赚不到你看不懂的钱

每个人受先天环境、教育资源的限制，在成长的过程中或主动或被动地构建了自己的思维模式。

有句话说得好："普通的人改变结果，优秀的人改变原因，而顶级优秀的人改变模型。"

因为看待问题的角度不同，同样的一件事，普通的人只能看到这件事产生了怎样的结果，然后努力使结果往好的方向发展；优秀的人能看到是什么原因引发了这样的结果，可以从根源处规避引起坏结果的风险；而顶级优秀的人有一眼看透事物运行规律的洞察力，能用最高效的方法解决问题。

这也是为什么同一件事交给不同的人去做，效果会截然不同。同样是创业，有的人能缔造传奇，有的人中规中矩，而有的人只能屡屡碰壁。

某品牌水杯的发明者是一名设计师。有一天，他不满两岁的女儿想喝水，家里却只有刚烧开的热水，在爷爷将水倒入杯中等待降温时，小女孩急于喝水而去拿杯子，导致热水全部泼到自己身上，被烫伤了。

在医院等待就诊时，这名设计师看到了还有其他像自己的女儿一样被烫伤的孩子，心痛之余，他决定设计一款可以让孩子安全喝水的杯子——将热水倒进杯中就能直接将水温降到四五十摄氏度。

该水杯一经推出就成为爆款，这种蕴含人道主义关怀的产品获得了用户很高的评价。虽然产品的目标用户是宝妈和儿童，但由于其具有很强的实用性和安全性，受众人群很快扩展到全民。

小孩被热水烫伤的事情不只发生在这名设计师的家中，多数家长遇到这种事时只是自责，觉得自己应该再细致、再小心一些，让孩子远离危险。而他却能从中思考如何将热水迅速冷却，让它不再是一种威胁，从根源上保护孩子。

普通人做事大都是头痛医头、脚痛医脚，解决的只是表面的问题；优秀的人则会思考头痛的原因，从根本上解决问题。

优秀并不是天生的。人们在成长过程中不断受到外界的影响，所以看待事物的角度也会发生变化。可见，优秀的思维模式也是可以培养的。

首先，要接纳别人的思维模式。我们不能立刻拥有成功人士的思维模式，但我们可以将自己代入他们的经历中，思考他们是如何做的。

很多人对名人或嗤之以鼻，或狂热追捧、盲目复制其经历，这些都是错误的。没有谁的成功之路是可以被复制的，因为每个人所面临的困境、能调动的资源、所做的决定都是不一样的。

商业大佬们不会在自传中详细讲述他们每一步是如何走的，但他们会告诉我们他们曾经遇到的困境、命运的转折点，以及他们是如何做的。我们可以思考他们为什么这样做，以及这样做对后来产生了什么影响，从中吸取可用的、有益的部分来构建自己的思维模式。

如果我们在日常生活和学习中，遇到了和自己的思维模式完全相悖的思维模式，不要立刻去比较和嘲笑，而要思考其成因，并接纳这种思维模式的存在。

其次，要学会换位思考。如果我们能掌握成功人士的思维模式并在遇到问题时灵活运用，就相当于站在巨人的肩膀上看问题，这样更容易看清事物全貌，灵活解决问题。

换位思考更能为创业者赢得用户的心。很多创业者只站在自己的立场，看到的都是产品的优点，一味地劝用户购买自己的产品，最终却适得其反。而站在用户的角度，创业者就能更加了解用户的需求。

改变自己的思维模式，从多角度观察世界，能收获更多的机会。

第 2 章 关键技能：高效搜集与利用信息

如今是信息化时代，各大公司也逐渐朝着数字化、网络化、智能化方向迈进，紧随互联网和大数据的行业大趋势。

初创公司是经济市场中的嫩芽，稍有不慎就可能半途夭折。所以了解行业内的各种信息，及时把握行业动态，从而规避可能影响公司发展的危机，是创业者必须掌握的一项技能。

2.1 影响公司发展的三大信息

在市场这个大环境中，创业者每天都会接收到外部的各种信息，有的信息会助力公司的发展，有的则是没有用处的垃圾信息。

什么样的信息才能对创业者有帮助？获取这些信息的途径又是什么？这是困扰创业者的两大难题。通常来说，市场信息、政策信息和对手信息是影响公司发展的三大信息，如图 2-1 所示。

图 2-1 影响公司发展的三大信息

1. 市场信息

创业者可以通过市场调研获取市场信息，当公司需要做出重要战略调整时，比如新产品上市、战略转型等，充足的市场信息至关重要。

市场调研耗时、费力，而且初创公司的资金有限，所以创业者在进行市场调研之前，要先审视公司内部的可参考信息，如销售额、可用资产、重复购买的用户数量等。

另外，创业者还要参考内部人员的意见，例如主要部门负责人对未来市场潜力的看法等。如果这些内部信息足够可靠，能够证明此项决策的可行性，那么就没有必要再去搜集外部信息了。

如果内部信息不能帮助创业者清晰地做出判断，创业者就需要去搜集外部信息。然而有些信息是存在偏差的，所以创业者必须谨慎使用外部信息。

信息可分为一手信息和二手信息。

一手信息是指通过特定的单项调查获取的信息。创业者想要获取一手信息，就必须直接询问目标人群，并通过观察、记录获取信息，如问卷调查、街头采访等。

一手信息对公司决策有基础性的支持作用，因为它是用科学方法抽样得到的，目标人群基本就是直接接触产品的用户。但是一手信息的获取付出的时间和资金成本也相对较高。

二手信息是指已经存在的公开信息，例如已经编辑好或已经出版的信息。虽然被称为二手信息，但它有时对于公司的决策也是非常有帮助的。因为这些信息已经经过了大众的检验，某种程度上被认为有效或有道理。另外，这些信息的获取成本较低，不需要创业者耗费大量时间、精力就能查阅到。通常二手信息有以下几种存在方式。

（1）已发布的市场研究报告；

(2) 已出版的书籍；

(3) 百度百科、维基百科等平台上的内容；

(4) 同行业领先公司的报告或数据；

(5) 来自行业协会的专家观点等。

有无必要搜集外部信息、采用一手信息还是二手信息，创业者需要根据公司的发展状况权衡以下三个问题。

(1) 对信息精度和深度有什么要求？

(2) 有多少时间用于信息获取？

(3) 公司准备为信息获取投入多少资金？

另外，如果创业者人手有限，还可以委托专业的第三方调研机构进行市场调研。

市场信息是公司做出决策的基础，创业者只有把握市场信息，才能判断市场的整体趋势，做出正确的决策。

2. 政策信息

做任何项目都要紧跟政策，不熟悉政策会让创业者陷入被动的境地。有政策支持的项目，各方面工作的开展都会很顺利，而且一些减免、补贴等政策可以很好地减轻公司资金压力。因此，创业者要关注政策、了解政策、吃透政策，打造符合国家政策的创业项目。通常获取政策信息有三种渠道，即官网、其他网站和论坛，如图2-2所示。

图2-2 获取政策信息的三种渠道

（1）官网。为了让大众了解相关政策，政府部门通常会开设一些渠道公开政策信息，其中最常见的就是政府官网。这些官方网站，一般信息发布都及时、准确，但更新频率不是特别高，也不会对信息进行整合。

另外，这些官方网站发布的一般都是政策或相关讲话的原文，创业者还需要对其进行进一步的解读。

（2）其他网站。有些平台综合了政府的各种政策信息，如白鹿智库、知策网等。所以除了政府官网，创业者也可以通过这些网站获取自己需要的政策信息。

（3）论坛。创业者通过官网和其他网站获得的政策信息往往是未经解读的原文，如果创业者是初入该行业的，很可能会因解读错误而把握不到重点。对此，创业者可以浏览一些与行业相关的网络论坛，这些论坛上有很多乐于分享的人，并且这些人大多长期关注或从事该行业，有很多经验和想法。创业者多浏览这些人的评论，有益于自己对政策进行准确、完整的解读。

3. 对手信息

在创业这件事上，创业者不能闭门造车。除了审时度势，也要学会知己知彼。不了解竞争对手，只顾自己埋头苦干，很容易被市场淘汰。

想要系统搜集竞争对手的信息、充分发挥自身竞争优势，创业者需要不断提高搜集商业情报的能力，具体可以利用网络、各种研讨会、社会关系、业务网络、行业协会和展销会等渠道搜集对手信息。搜集并处理对手信息，创业者可以从以下三个方面进行，如图 2-3 所示。

（1）网上盯住竞争对手。随着互联网的发展，利用网络搜集信息变得更加方便，成本也更低。常见的搜集对手信息的渠道有新闻稿、电商平台等。

图 2-3 如何搜集并处理对手信息

新闻稿是指竞争对手在其公司网站上发布的新闻通告,这些内容有助于创业者从中搜集可操作性的情报,从而得出可靠结论。

电商平台是指竞争对手经营的网络销售平台,如淘宝店、微店等。关注这些店铺的产品动态、用户反馈以及价格优惠等信息,有助于创业者了解竞争对手的产品状况。

(2)展览会上研究竞争对手。创业者参加展览会的目的不仅在于寻找用户,还在于近距离接触竞争对手。这是创业者免费做市场调研和搜集价格信息的好机会,所以创业者要像侦探一样,不放过有关竞争对手的任何"蛛丝马迹"。

创业者可以带上相机和记事本,尽可能多地搜集信息,如竞争对手的产品、展品、宣传资料、顾客评价和营销策略等信息。

(3)搜集并妥善处理信息。在实际工作中,创业者可以通过与竞争对手、供应商和用户的直接交谈,获取一手信息,还可以通过建立信息系统有效利用信息。

信息系统能够对信息进行输入、存储、处理、输出和控制,即对信息的二次加工。建立信息系统,首先,创业者需要采集信息。例如建立人际关系网络,通过直接或间接的方式从对方口中获取信息等。另外,创业者还可以利用信息服务部门从大型数据库中检索竞争对手情况。

其次，创业者要对搜集到的信息进行分析。这是公司竞争中最重要也是最薄弱的环节，其中包括信息预警、行业前景预测等。

最后，创业者需要建立起一个能不断搜集、整理、积累和分析信息的机制。

创业者对有效信息的搜集与处理能够显著地促进公司整体的飞快发展，因此创业者应重视提高自己的信息搜集、分析能力。

2.2 合伙创业时如何共享信息

合伙是现今比较流行的一种创业方式，一般是由几个人共同出资、共同经营、共同承担责任。根据合伙创业的特点，信息共享对于合伙公司的发展十分关键。

随着公司不断发展，人员不断增加，部门逐渐增多，合伙人之间的联系可能不再密切。但公司运转所需要的市场信息、政策信息、对手信息，依旧是相互关联的，一个部门的数据资料往往会成为另一个部门项目运转的依据。

因此，信息不能分散掌握在不同合伙人的手中，而应该集中在一处，方便每个人随时调阅。对此，创业者应该建立一个信息共享机制，保证公司内信息可充分共享。

另外，在合伙公司中由于各个合伙人之间是平等的，没有上下级及权限的约束关系，所以公司信息在各个合伙人之间流转，很容易发生信息泄露。避免公司信息泄露，创业者需要注意以下三个方面，如图2-4所示。

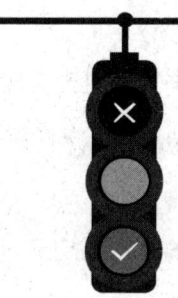

图 2-4 如何避免公司信息泄露

1. 充分认识防止公司信息泄露的重要性

创业者及其合伙人应充分认识到防止公司信息泄露的重要性，只有每个合伙人都认识到信息泄露的危害，才能有效防止公司信息泄漏。

合伙公司是几个人所共有的，原则上讲，各合伙人都有权查看公司文件，这就增加了信息泄露的风险。一些在商务聚会上脱口而出的话或者随手乱放的文件，都会无意中泄露信息。

因此，创业者及其合伙人要不断提高对商业机密的保护意识，明确生意场上无小事，从根源上避免公司文件或重要数据泄露。

2. 明确造成公司信息泄露的原因

一般情况下，造成公司信息泄露的原因主要有三种。

（1）创业者及其合伙人，或者主要涉密人员，对于公司信息的保密意识不强、自身素质不高，造成公司信息泄露。

（2）公司内部没有建立起有效的信息保密机制，以及完备的信息归档制度，造成公司信息泄露。

（3）公司没有就保密信息与涉密人员签订保密协议和竞业限制协议，导致公司信息泄露。

3. 采取有效措施，建立保密机制

首先，创业者及其合伙人要提高对保护公司机密信息的重视程度，特别是与知识产权和技术相关的信息，完善保密制度，将相关文件归档，妥善存放。

其次，创业者要将公司机密与职工和合伙人的切身利益挂钩，建立明确的奖惩机制，形成保护公司机密的群众基础。

最后，创业者要从思想上提高职工和合伙人的保密意识，与涉密员工和合伙人签订保密协议和竞业限制协议，用有法律效力的书面文件督促其履行保护公司机密的义务。

保护好公司的机密不仅是创业者及其合伙人的义务，也是公司每一名员工的义务，对公司机密严格保密是公司上下都要遵守的原则。

2.3　从创业网站上寻找有效资料

许多人都曾想过自己创业，而投入实践的人却很少，最终成功的更是凤毛麟角。其中的大多数人都是因为空有思路而找不到入门的方法，所以被挡在了门外。创业者可以利用创业网站搜集信息，找到最适合自己的创业方法。

这些网站中包含行业内的最新政策，为创业者提供管理、融资、招聘等不同领域的干货，很适合作为创业起步的参考。创业必备的十大创业网站，如表2-1所示。

表 2-1　创业必备的十大创业网站

序号	网站名称	网址	网站内容
1	36氪	www.36kr.com	提供创业资讯、科技新闻、投融资对接、股权投资、极速融资等创业服务
2	虎嗅网	www.huxiu.com	多视角、个性化商业资讯与交流平台
3	i黑马网	www.iheima.com	面向创业者的创新型综合服务平台
4	创业邦	www.cyzone.cn	为创业者提供高价值的资讯与服务，包括传媒互动、创业孵化、融资服务等业务
5	第一财经	www.yicai.com	提供股市行情、经济大势、金融政策、行业动态、专家分析等财经资讯
6	企鹅智酷	www.re.qq.com	互联网产业趋势研究、案例与数据分析
7	知乎	www.zhihu.com	网络问答社区
8	TOPYS	www.topys.cn	致力于广告、文案、创意、设计、艺术等方面资源分享
9	砍柴网	www.ikanchai.com	以人文的视角解读科技、商业
10	梅花网	www.meihua.info	为公司市场营销部门提供各类信息情报服务

这些网站的功能各有不同的侧重，有的侧重于资源整合，有的侧重于行业交流，有的侧重于数据分析，创业者需要根据自己公司的经营状况进行选择。

创业者还可以委托这些网站代为进行数据分析、市场调查等这些耗费时间和人力的工作，从一定程度上缓解公司的压力。创业者还可以利用这些网站上的论坛、社区和行业内站稳脚跟的其他创业者建立联系，学习他们的经验或与他们建立业务上的往来。创业者只有充分利用这些现有资源，才能走好创业第一步。

2.4 建立人际关系，多听、多看

如今，在职场上，人脉虽不是实际资产，却是一种能带来潜在收益的无形资产。例如，对销售员来说，完成订单时获得的人脉资源远比自己实际获得的收益要珍贵，因为人脉资源能为其带来更多的订单。

因此，创业者想要在一个行业中立足，就要善于构建自己的人脉关系网。

有些创业者将人脉视为一次性资源，项目完成后就不再启用，其实这是一种极大的浪费。与其每做一个项目都要重新寻找人脉关系，倒不如把精力放在已有人脉上，这样既可以节省时间，又可以对用户进行深度挖掘。所以，维护好已有的人脉对创业者来说是相当重要的。

作为一个创业者，只有拓宽自己的人脉关系，拥有属于自己的人脉关系网，才能从中甄选出最有价值的用户，使公司的订单量增加。

那么如何与用户建立稳定、牢固的关系？创业者需要明确三种人际关系类型的划分。

人际关系学将人与人之间的关系划分为核心层关系、紧密层关系和松散备用层关系（如图 2-5 所示）。每一层关系都有不同的特点，创业者需要区别对待，从而建立起有逻辑、符合规律的人脉关系网。

图 2-5　人际关系类型

1. 核心层关系

核心层关系是指在自己的人脉关系网中处于核心地位的关系，也就是对公司产品的销售起决定作用的用户群，即核心用户。例如公司的 VIP 用户，这些人与公司保持着长期合作关系，对公司的产品和服务十分满意，并且会长期回购公司的产品。

核心用户对公司产品的评价，很大程度上会影响准用户的选择。所以创业者需要与核心用户建立起一种彼此信任、依赖的关系，同时创业者也要对这种关系进行长期维护。

2. 紧密层关系

紧密层关系是指通过核心层关系用户的推荐、介绍，进一步拓展的用户。由于这些用户是核心层用户介绍而来的，所以如果创业者对他们不够重视，很可能连带损失核心层关系的用户。如果创业者足够重视紧密层用户，对吸引潜在用户也很有帮助。

因此，创业者需要把更多的精力放在维护这个层级的用户上，他们是创业者最重要的用户群，这样的用户越多，就意味着创业者的人脉关系网络越大。

3. 松散备用层关系

松散备用层关系是指创业者的备用用户，即根据公司的营销计划，在将来可能会被影响的用户，如可能成交的准用户、有发展潜力的用户等。

这一部分用户不需要创业者耗费主要精力去维系，但创业者对这部分用户一定要心中有数。在公司业务进行到下一阶段时，创业者要能马上联系到这些用户。

人脉关系的构建对公司的业务发展有很大帮助，一些细节问题很可能导致已经构建好的人脉关系毁于一旦。构建良好的人脉关系，有以下两点注意事项。

第一，创业者要时常梳理自己已有的人脉资源。开公司创业，创业者每天需要面对不同职业、不同性格、不同关系类型的用户。这些用户不能是零散的，而应该是系统的，这样才能方便创业者随时找到相应的用户，并通过他们的人脉关系更好地推动公司发展。

例如，一个创业者的公司是做汽车保险的，那么他就可以接触做汽车轮胎生意和做挡风玻璃生意的用户，通过这些用户了解汽车行业目前的状况，从而准确、及时地把握行业信息。

第二，创业者要不断扩展已有人脉。人脉关系并不是静态的，而是动态的。随着公司的发展，人脉会有流失也会有增长，这些都是正常现象。

创业者要根据已有的人脉资源，结识更多的人。这些人可以是潜在用户、同行竞争者，甚至可以是政府、媒体人员。他们并不一定会带来订单，但是会带来源源不断的信息，让创业者能及时掌握最新的行业动态。

创业者在自己的人脉关系网中应该做一名侦探，寻找最有价值的人，然后逐渐接触到那些影响力中心的人。

2.5 关注时事新闻，发掘商机

创业可能只是源于一个创意，但创意不可能是凭空出现的，它来自市场大环境、用户的需求、政策的变化等。好的创意可以帮助创业者乘风而上，短时间内带来不错的收益。

成功的创业者大多都是观察家，能从市场微小的变化中发掘出意想不到的商机。创业者需要经常关注时事新闻，以把握这种微小的变化。

时事新闻包括国家政策、国计民生和社会热点等，这些事件具有很强的时间性。而这些看似琐碎的信息，却能帮助创业者及时了解行业风向，把握市场需求，从中发掘出符合市场规律的商机。

近几年，人们越来越关注精神消费，国家政策对环保、新能源和高新技术等项目的大力扶持也催生了许多新领域。例如人工智能等新技术与各行业的融合发展等。

这些都是时事新闻中蕴藏的商机，创业者需要经常关注时事新闻，深入挖掘其背后的含义，从而准确、及时地发现商机，调整公司战略。创业者在发现商机后需要做到以下三点，如图 2-6 所示。

1. 全面了解这一信息，从中发现可行性

2. 既要顺应潮流，又要坚持特色

3. 需求至上

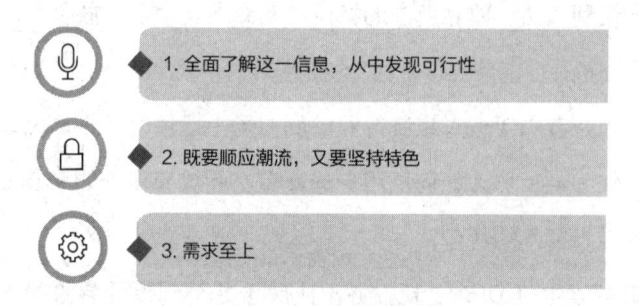

图 2-6　创业者在发现商机后该怎么做

1. 全面了解这一信息，从中发现可行性

仅凭一篇新闻报道中的只言片语，自然不能确定可行的商机。因此，创业者还需要考察市场需求、城市的消费水平和人们消费的侧重点等方面。

例如，创业者想自己研发一款网购 App，只知道国家在大力扶持高新技术产业是不够的，还需要找准消费对象，确定这款 App 是面向低收入人群还是中高收入人群。

此外，创业者还要考察各种人群对哪种产品的购买力比较大。创业者要根据这两点信息确定该网购 App 的主营产品，还要考虑研发、推广等成本问题。

假设该网购App面向18～25岁的女性群体，该群体主要为在校大学生，收入一般，主要关注点为美妆、服饰等，那么，创业者可以根据这些信息研发该网购App。

首先，App的页面设计要符合这个年龄段女性的审美；其次，App内入驻商家的产品应该比较平价，贴合这个年龄段女性的收入水平；最后，在宣传推广上，创业者应该尽量选择该年龄段女性关注的明星进行推广。

2. 既要顺应潮流，又要坚持特色

发现时事新闻中的商机只是第一步，因为这个商机不是创业者的专利，其他人也有权利效仿。建立自己的特色，在众多竞争者中脱颖而出，才算是真正抓住了商机。

例如，创业者想要进入家装行业，而市场上已经有了很多家装公司，服务流程也比较固定。那么如何让用户选择自己而放弃老牌的家装公司？这就需要创业者突出自己的特色。

创业者可以主打DIY定制服务，让房主参与到设计装修的流程中来，自己设计装修风格或者家具陈设，然后再由专业的装修人员去完成。

这种方法既避免了和老牌装修公司争抢市场，也能明确公司的定位，即主打高质量、高价格的定制装修服务。

3. 需求至上

哪里有需求，哪里就有商机。创业者了解时事新闻的最终目的是从中发现市场真正的需求。如果创业者还只是处于创业的准备阶段，那么一定要注重观察用户的资金流向。通常用户花钱较多的地方，就是其需求所在。

如果发现的商机已经有很多人付诸实践，创业者也不要马上放弃。因为只要项目具有特色，终究会突出重围、获得成功。

2.6 降低信息的获取成本

如今,互联网的普及,使获取信息变得更加容易,创业者只需要在搜索框中输入关键词,就能获取行业相关的各种信息,甚至不需要付费。

这样虽然表面上获取信息的成本降低了,可这些免费渠道得来的庞杂信息真假难辨。因此创业者就需要对这些信息进行再加工,耗费资金和人力对信息进行验证,提取其中的有效信息为自己所用。这样看来,获取信息的成本其实是增加了的。

真正降低获取信息的成本,是指创业者要花更少的钱获得更多、更真实、更有效的信息。创业者可以参照以下两种方法,如图2-7所示。

1. 让自己成为信息检索的达人

2. 从碎片信息中找到用户需求

图 2-7 如何真正降低获取信息的成本

1. 让自己成为信息检索的达人

信息检索其实是一个从通用向专业逐步深入的过程。凭借现在发达的网络技术,创业者轻而易举就能得到想要的各种信息。只是这些信息很零散,稍有不慎就可能会遗漏。所以创业者要制定一个信息检索方案,常见的检索方案有以下几种。

(1)利用搜索引擎。创业者可以使用这种方法对所要了解的行业建立一个初步的认识。这种方法不需要考虑成本,虽然检索出的信息质量参差不齐,也可能较为陈旧,但数量足够多。创业者也可以根据搜索引擎的置顶信息判断现在的行业热点。常用的搜索引擎有百度、谷歌等。

（2）搜索相关行业报告。这种方法检索出的一般都是行业内的基本规范以及研究框架，是宏观上的行业大纲，内容比较规范，可信度也很高，且不需要创业者投入过多成本。常用的免费报告网站有艾瑞网、易观智库等。

（3）关注社交媒体。社交媒体主要包括微博、微信、百度贴吧和论坛等。创业者在这些社交媒体上获得的信息都是目前行业的真实动态。这些信息有助于创业者了解行业动态，参考领域内其他创业者的经验。

（4）关注产品的聚合平台。大众点评、携程等都是产品聚合平台，这些平台将同类型的商家聚合在一起。而将同类型的公司放在一起比较，很容易显示出各自的优势、劣势。

创业者要找到自己公司所在行业的聚合平台，仔细浏览用户对自己产品的评价以及对其他公司产品的评价。这些信息能帮助创业者明确自己产品的优势、劣势，找到优化产品的方法，而且获取这些真实的用户反馈不需要创业者投入任何成本。

（5）找到专业网站。找到专业网站定向检索相关领域的信息，无疑可以节省较多的时间成本。例如，创业者可以在梅花网检索营销方面的信息，可以在人人都是产品经理网站检索运营方面的信息。创业者甚至可以在这些网站中发帖咨询行业资深人士，与他们建立联系。但这种方式需要的时间可能比较长，对此创业者可以着重参考精华帖、大神帖和求助帖等这几种类型的帖子，从中获得帮助。

（6）指数搜索。指数搜索是指利用一些数据分析平台，评估行业的风向，如百度指数、微信指数等。这些平台上量化的数据能清晰地将行业趋势呈现出来，但一般需要付费使用。

2. 从碎片信息中找到用户需求

产品的反馈信息通常是碎片化的，隐藏在用户的评价反馈中。事实上，这些信息才是最珍贵的一手信息，创业者要在这些碎片信息中发掘用户真正的需求。常见的有四种方法。

（1）找到目标用户的特征并分类。创业者需要对用户的特征进行细分，分析已有的材料，然后将其做成报告、分类整合。具体步骤如下。

第一，设置分类标准，将用户的细分特征填充到报告中。

第二，明确分类原因，例如按年龄分类是因为年轻人喜欢新鲜事物，中年人购买力比较强等。

第三，基于以上两点内容，创业者还要思考是否存在其他漏掉的分类维度。如果创业者找到一个漏掉的维度，可能就会衍生出一个新的创新点。比如OPPO在进入手机市场时，发现市场中没有以女性为目标用户的手机，后来OPPO就是通过这个创新点占据了女性智能手机的市场。

第四，根据创业者在不同维度的选择原因，将细分的维度再按照重要性进行排序，继续思考可能漏掉的维度。

第五，创业者要根据这些维度建立自己的细分框架，形成细分标准，最后对目标用户群进行分类。

（2）分析市场环境。这个环节需要创业者定位自己所在的行业，了解行业状况和竞争产品，通过第三方发布的报告明确市场目前的存量、未来的增量以及增速，并根据这些信息判断市场大环境。

（3）明确目前行业内的一些基本套路。创业者需要了解用户使用产品的各个环节，以及设计该产品的产业链环节和主要参与者，以此来获得产品运作过程的信息，明确产品可能在哪一环节存在竞争。

（4）预见产品未来的趋势。根据前面搜集、整合的信息，包括目标用户反馈、行业状况和产品运作流程等，创业者对行业及产品能有较为全面的了解。因为这些信息都是在实际工作中整理出来的，所以都真实、有效。创业者从这些信息中得到的结论，基本上就是未来产品的发展趋势。

　　以上获得信息的方法，都不需要创业者付出巨大的成本，非常适用于处于起步阶段的创业公司。但是搜集只能解燃眉之急，积累才能备不时之需。因此创业者要及时储备、积累信息，提高对信息的敏感度，时刻拥有开阔的思路，只有这样才能让公司顺应市场趋势正确发展。

第 3 章　合伙创业：股权分配与争议处理

互联网时代早已不是创业者一个人就能打天下的时代了，创业者的能力再强也终究会有短板，正是因为这样，合伙创业的人越来越多。在合伙创业的过程中，创业者必须找到合适的合伙人，同时还要科学分配股权，妥善处理股权争议。

3.1　寻找创业合伙人的渠道

寻找创业合伙人，有路可循。目前寻找创业合伙人有四个渠道，分别是："五同"关系网、商业活动、弱关系以及猎头。

1."五同"关系网

电影《中国合伙人》中有一句流传很广的台词："千万别跟丈母娘打麻将，千万别跟好朋友合伙开公司。"这句话有一定的道理，但也误导了许多创业合伙人。

"一个好汉三个帮""兄弟齐心，其利断金"，都表明了合伙做事的重要性。与单枪匹马地创业相比，合伙创业具有无可比拟的优越性。只要我们在与朋友合伙创业时，事先定好规章制度，在红利的分配上做到科学、公正，并与时俱进地进行相应的调整，就能避免大多数问题。

与朋友合伙创业，要建立完备的"五同"关系网，所谓"五同"，就是同学、同事、同行、同乡和同好。很多家公司的创始人团队成员都来自"五同"关系网。相比于与陌生人组建合伙人团队,创业者在"五同"关系网中寻找合伙人,将会更加高效,从而节约更多的时间成本和管理成本。

例如,某知名旅游网站创始人团队的成员都是志同道合的好友。虽然该网站在前期的经营过程中经历了诸多风雨,但在其团队的共同努力下,还是取得了令人艳羡的成绩。

利用"五同"关系网寻找合作伙伴,是合伙创业取得成功的重要条件之一。但要想利用好这一条件,创业者还需要根据自身的状况,在不同时期、不同条件下采用不同的人才策略。

如果创业者决定在"五同"关系网中寻找合伙伙伴,就必须选择志同道合、相互信任、能力互补的伙伴。这样,创业成功的概率才会更大。

2. 商业活动

寻找合伙人,创业者必须具备发现人才、挑选人才的能力,而在良好的舆论环境和社交环境中,创业者的能力也能得到更好的发挥。所以,创业者要有目的地参加一些商业活动,并尝试通过这些活动,物色最适合的合伙人。

创业者如何才能有目的地参加商业活动,找到最合适的合伙人呢?可从以下三个方面出发,如图3-1所示。

01 培养社交能力

02 参加商业聚会

03 寻找有气场的人

图3-1 通过参加商业活动招募合伙人的方法

（1）培养社交能力。随着经济和社会的发展，人与人之间的交往显得越发重要，而社交的成功率则受社交能力的制约。创业者在生活中要不断与各类人员打交道，不断丰富自己，提高自己的社交能力，从而找到社交能力同样突出的合作伙伴，建立更广泛的朋友圈。

（2）参加商业聚会。创业者可以多参加商业聚会，留意那些可以使商业活动的气氛更加活跃，能够轻松驾驭大部分社交场合，应对社交活动中的突发情况的人。这样的人如果成为公司的合伙人，能为公司争取更多的商业伙伴和人脉资源。

（3）寻找有气场的人。具有强大气场的人往往社交能力更强，更加开朗、自信，更能感染、鼓舞身边的人，使创业团队乐观、昂扬，从而更容易走向成功。

在找到合伙人后，为了充分了解合伙人的社交能力，创业者也可以多带他参加一些聚会，并在聚会中对其社交能力进行观察和评估。

一般来讲，社交能力强的人谈吐风趣、有内涵，善于表达，有很强的自信心和感召力，可以使人产生亲切感。而如果一个人不善言谈，在活动中比较拘谨，那么，他就不太适合做公司的合伙人。

当然，这与所物色的合伙人在公司中的角色是息息相关的，如果他是公司的 CTO（Chief Technology Officer，首席技术官），那么对于其社交能力的要求就不需要很高。

3. 弱关系

无论是同学、同事、同行，还是同乡、同好，都是创业者容易接触到的人群。而当创业者不能在自己的朋友圈中找到合适的合伙人时，就需要通过弱关系来寻找。

为什么要通过弱关系寻找？一方面，创业者的人际交往圈子具有局限性,与志同道合的朋友相处久了,往往听不到新颖的意见;另一方面,与创业者有弱关系的人中也不乏社会中的精英人士,他们的意见大多来源于自身的社会经验。与这些人沟通、交流,创业者会有更多的收获和启发。

那么,如何通过弱关系找到最理想的合伙人?如图 3-2 所示。

依靠强关系推荐获得弱关系

从社交网络中获得弱关系

参加活动获得弱关系

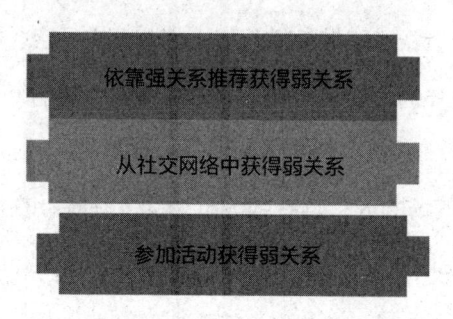

图 3-2　创业者通过弱关系寻求合伙人的三个方法

(1)依靠强关系推荐获得弱关系。当创业者需要某一资源时,可以直接询问朋友。例如,一位创业者要开一家律师事务所,就向会计师事务所的朋友询问,朋友给他推荐了一位法律方面的专家,正好此专家也有创业想法,于是两人一拍即合。

(2)从社交网络中获得弱关系。强关系都是由弱关系转化而来的。创业者可以通过微信群、微博等渠道获得自己感兴趣的人的联系方式,如果对方各方面都符合自己寻找合伙人的条件,就可以进一步沟通。

(3)参加活动获得弱关系。创业者通过线下聚会或微信群的线上课程,可以了解到其他参与者所从事的行业及具备的资源,从而选择符合自己条件中的人展开进一步交流。

4. 猎头

创业团队在招募合伙人时,如果仅凭一己之力,很可能会面临重重困难。此时，创业者就可以委托优秀的猎头公司来帮助寻找，利用猎头的能力，筛选出合适的公司合伙人。

创业者通过猎头寻找合伙人，具有以下五个方面的优势，如图3-3所示。

```
🏃 ‖ 对合伙人的背景调查更方便
🏃 ‖ 提供的建议更专业
🏃 ‖ 保密性更强
🏃 ‖ 更节约时间
🏃 ‖ 更便于薪资谈判
```

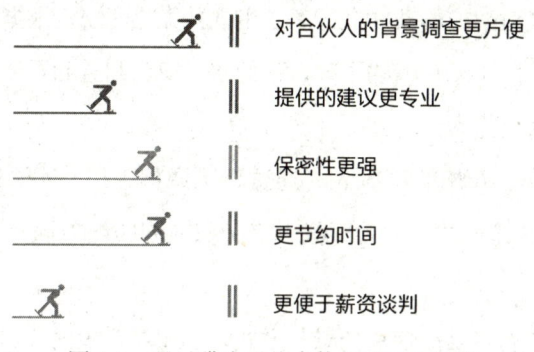

图3-3 通过猎头寻找合伙人的五个优势

（1）合伙人的背景调查更方便。创业者在招募合伙人时，要对候选人进行严格的背景调查，审核候选人的资料真实度，评估其综合能力。

然而事实上，由于人力、财力有限，初创公司往往无法对候选人进行综合的评估，而委托猎头招募合伙人便能省去这些麻烦。猎头具有丰富的实践经验，能够对候选人的背景展开深度调查，帮助创业者筛选出合适的合伙人。

（2）提供的建议更专业。猎头是专业的顾问，能够为创业者提供更为细致的服务。猎头能够根据创业者的需求，从客观的角度提供专业的建议，为创业者挑选出合适的合伙人。

（3）保密性更强。为了有效避免同行竞争以及挖墙脚，创业者一般都会秘密地寻找合伙人。猎头的保密机制非常完善，能够最大限度地保证人才挑选的保密性，防止信息泄露。

（4）更节约时间。不论对创业者，还是高级合伙人来说，时间都是最宝贵的资源。专业的猎头能够将人才和创业公司进行快速匹配，从而提高招募推进的速度，大大节省双方的时间成本。

（5）更便于薪资谈判。合伙人和创业者的主要分歧之一是利益的分歧，双方直接面对面地进行商业谈判，很容易因意见不合而不欢而散。而猎头则能站在客观角度对双方的条件进行高效审视并优化匹配，根据自身的专业知识积累以及对薪酬市场行情的了解，帮助双方找到利益的平衡点，给出相对合理的建议和薪资方案。

据资料统计，70% 的高级人才通过猎头调整工作，90% 以上的知名大公司利用猎头遴选人才。由此可见，猎头在人职匹配方面具有十分突出的优势。

这四个渠道有各自的使用场景与方式，创业者要根据公司的规模、发展现状做出最适宜的选择。

3.2 合伙人入股方式

为了降低创业失败的概率，创业者可以从股权结构上对合伙人进行规划管理，使不同的合伙人有不同的入股方式，并根据入股方式的不同，采取不同的股权管理策略。

1. 资本入股：均等投资与差异投资

均等投资是合伙创业的一种相对理想的投资方式。而差异投资则是按照合伙人资本投入的比例进行差异化管理的一种投资方式。投资者的投资金额越大，话语权也就越高，公司盈利后获得的收益也就越大。

在合伙创业的过程中，创业者要根据合伙人的财力状况以及公司实际发展的需要决定选取哪一种投资方法。

均等投资一般适用于小型创业。例如,与朋友合伙开一家火锅店、水果店、书店或者健身器材店等。

梅某、蓝某和祝某在大学时期就是志同道合的朋友,他们都爱读书,得到好书总是如获至宝,读到精彩部分总会如痴如醉。他们立志要在淘宝商城开一家书店,把好书分享给更多的人,让更多的人受益。

毕业后,他们三人就开始创办自己的网上书店。经过讨论,他们一致决定按照"均等投资,均等收益"的原则进行合伙创业。

如果各合伙人投资的金额存在差异,他们可以优先考虑采用差异投资的方式。

彭某是一家中餐店的高级厨师,他做的菜肴深受客人喜爱。他认为总是给别人打工,很难挣到大钱,就打算和好友开一家属于自己的餐饮店。

在投资占比中,彭某占40%,其他两人分别占25%和35%。三人按照投资差异进行差异化的利润分成管理。

在具体的工作过程中,三人进行了民主协商,决定定期推出新的菜肴和限时优惠活动,他们的餐饮店经营得非常好,获得了很高的盈利。

没有最好的创业投资方式,只有最适合自己团队的创业投资方式。在进行合伙创业时,创业者要综合考虑合伙人的财力状况、性格特征等因素,结合公司的具体发展要求,决定采取哪种投资方式。

2. 技术要素入股与管理经验入股

移动互联网时代,全民创业已经成为一种浪潮。在这一浪潮中,许多创业团队都在为如何选取技术合伙人这一问题而苦恼。

面对现实生活的压力,技术达人们要么会另起炉灶,自主创业,要么会选择与互联网巨头合作,申请成为其技术合伙人,大都不愿意与小型初创互联网公司合作。

"世上无难事，只要肯攀登。"这是亘古不变的真理。初创公司在对以技术入股的股东进行股份分配时，有以下三种可行性方法，创业者可以从中找到最适合自己的方法，如图3-4所示。

1. 设定目标法
2. 作价入股法
3. 名义共同出资法

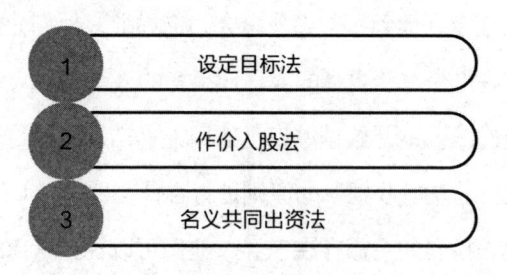

图3-4　技术入股股份分配可行性方法

（1）设定目标法。设定目标法是根据目标确定合伙人的股份比例。为了吸引技术合伙人，资金投资方和技术合伙人可以制定一个规划。例如，将第一年的盈利目标设定为300万元，如果第一年完成了目标，则给技术投资方增加2%的股份。

初创公司通过设定目标，来合理调整技术合伙人的股份，能够最大限度地吸引他们，调动他们工作的积极性。

（2）作价入股法。作价入股法是技术合伙人以自己的技术成果作为无形资产入股公司，并按一定的作价比例获得公司的股权。这是一种量化的，比较科学的技术股权分配方法。

（3）名义共同出资法。名义共同出资法是双方预先设定一个股份比例，然后根据一定的偿还方法实施。

例如，投资方A与技术方B共同成立了一个公司，资金由A投入，技术由B投入。双方商定股份及利润分红的百分比，B的分红优先偿付A的垫资。如果合作公司不能盈利并决定清盘，B无法偿付A的垫资，则公司所有剩余资产优先偿付A的投资款。

以上三种方法各有侧重点，要么侧重于公平，要么侧重于绩效，都能够在很大程度上吸引技术合伙人的关注，帮助创业者找到适合的技术合伙人，实现自己创业的目标。

在移动互联网时代，员工的知识与素养越来越重要。知识丰富的员工往往会有更多个性化的想法，强压制的管理对其并不适用。这时，公司就需要聘请职业经理人，来解决公司人才管理的问题。

职业经理人有更有效的管理方法，可以对高素质人才进行科学管理，从而促进公司的平稳、高效运转。

但是，职业经理人与创业者之间可能存在着严重的利益分歧。部分创业者只是根据经济学家的市场理论，给职业经理人相应的工资，而没有根据他们的贡献给出更高的报酬。

如果不妥善地处理这个问题，双方矛盾势必扩大。双方会互相算计，互相防范，所以现在"职业经理人集体跳槽"的新闻屡见不鲜。这不利于公司的长远发展，不仅影响到双方利益，还会造成更多财富的浪费。

例如，创业者 A 启动了一个项目，他聘请了一位职业经理人进行生产经营。一年后，该项目获得 1000 万元的收益。此时，职业经理人提出以自己的管理经验入股，否则就要离职。为了使公司获得更长远的发展，A 最终将 5% 的股份给了职业经理人。

3. 股权众筹

股权众筹是时下互联网金融领域中相对热门的一个融资方式。股权众筹的概念由美国学者迈克尔·萨利文于 2006 年 8 月提出，他在文章中首次使用了"Crowdfunding"一词，并将其定义为："众人通过互联网把资金汇聚在一起，以此来支持由他人或者组织发起的项目。"

美国 **AngelList** 是世界第一家股权众筹平台，它的出现颠覆了整个创投圈的游戏规则，其开创的合投模式就是目前国内较为流行的"领投+跟投"模式。

对于合伙创业公司来讲，股权众筹有三个优势：第一，去中介化，效率高、成本低；第二，小额众投，风险低；第三，投后众包。

由此可见，股权众筹与传统的股权投资方式最大的不同在于其投资者数量众多，投资资金比较分散。这样不仅能降低投资者的投资风险，还能提升投资的效率，达到更佳的投资效果。

合伙创业公司要成功进行股权众筹，必须利用好以下四种模式，如图3-5所示。

1. 有限合伙模式
2. 公司模式
3. 代持模式
4. 契约基金模式

图3-5　股权众筹的四种模式

（1）有限合伙模式。有限合伙模式是由投资者人数决定的一种股权众筹模式，其众筹人数众多，一般由50个人组成一个有限合伙集体，然后由有限合伙集体进行项目投资，成为投资项目的股东。目前股权众筹大都采用这种模式，例如蝌蚪众筹、京东东家等股权众筹平台。

有限合伙模式有两个好处：一方面，天使投资者能够通过合投降低投资额度，以分散投资风险，并获得额外的投资收益；另一方面，非专业的跟投人也能够免去审核和挑选项目的成本，从而进一步降低投资风险，获得更高的投资回报。

（2）公司模式。公司模式是由投资者设立公司，以公司的名义出资，使公司成为融资公司的股东。这种模式适合投资规模较大的项目，但这一模式可能会存在比较大的风险，所以投资者要慎重使用。

（3）代持模式。如果只关注一个项目，投资者会背负很大的风险。由此，专业的股权众筹投资者会"广撒网"，投资众多不同的项目。分散的投资使他们能在不同的项目上获取相应的报酬，但投资者毕竟精力有限，很难面面俱到。

代持模式正是为了解决这个问题诞生的。代持模式是指董事会在众多项目的投资者中选取最合适的投资者，并与之签订股权代持协议，由这些投资者作为项目的登记股东。这一模式对投资项目比较多的投资者来讲非常实用，能让专业的人处理专业的事，达到事半功倍的效果。

（4）契约基金模式。契约基金模式是由基金管理公司发起设立契约基金的一种股权众筹模式。在这一模式下，基金管理公司与项目投资者签订契约投资合同，成为该项目的股东。

以上四种模式，各有其使用的条件，合伙创业者一定要对这些模式进行深入了解，根据公司的特点，选择最适宜的股权众筹模式。

3.3 合伙创业可能遇到的问题

在公司发展的过程中，往往会遇到以下三个问题：战略失误，决策谈不拢，经营理念出现分歧。创业者应该如何解决这些问题？

1. 战略失误

创业者如果不懂得在战略上做出规划，只注意细节，那么公司的发展就会缺少明确的目标，从而导致具体战略执行上的失误，对公司的长远发展造成十分不利的影响。

合伙公司出现严重的战略失误,主要是因为缺乏民主的协商制度。因为管理者相对较多,合伙公司更需要采用民主协商的方法进行战略决策。

然而,在现实生活中,一些刚刚成立公司的合伙创业者却不太懂得这个道理。这些人往往认为,谁出的钱多,谁就是领导者,而其他人则必须服从领导者的决策。

这样的做法可能在刚开始时能使公司高效运营,但是随着公司的发展,面对更加复杂的商业环境,领导者武断地发号施令很容易导致决策失误。

讲述人:孙先生

单位:四川某竹制品公司

职务:CEO

讲述要点:决策失误使公司错过了大好的发展机会

前几年我和两个合伙人一起在四川开了一家竹制品公司,我们公司的主要产品是竹制的床具和茶具。因为在三人之中,我的投资额最高,所以我掌握了公司的决策权。

起初,我们公司的竹制床具以及茶具很受用户的喜爱,占有了很高的市场份额,公司也获得了很高的盈利。可是,随着竹制品公司逐渐增多,市场竞争越来越激烈,劳务成本增加,我们公司的利润也越来越微薄。

面对这种情况,我认为,公司只有利用更先进的制造设备,进一步提高效率,才能够扭转目前的局面,增加利润。当时我的合伙人却认为,公司应该走精细化发展道路,多做一些竹制的创意产品来吸引用户,赢得市场的好评。

我当时觉得开发创意竹制产品需要引进更多的创意人才，而这样一来，就会进一步增加人力成本，而且创意竹制产品需求量较小，未必会使公司有更好的发展，就没有采取他的建议。

然而，接下来事情并没有按照我设想的方向发展。我们公司在引进了新的生产设备后，生产效率确实提升了，但产品的积压也越来越严重，最终反而造成公司严重亏损。而这个时候，市场上的创意竹制产品越来越受欢迎，一些生产创意竹制产品的公司也取得了丰厚的利润。

之后我非常后悔，自己的决策失误使公司错过了大好的发展机会。

由此可见，合伙人一定要通过民主协商来制定策略，而不能仅靠一个人的武断决定，片面地规划公司未来的发展方向。

另外，合伙公司还需要对员工进行合理的分工，使他们做到权责一致，从而正确地执行公司的战略决定。

合伙公司的权责分配是一个较为复杂的过程，主要包括工作分析、岗位划分、职责界定以及建立岗位责任制这四个步骤，如图3-6所示。

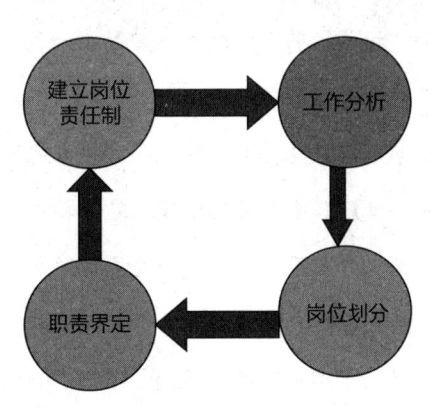

图3-6 合伙公司权责分配的流程

按照以上四个步骤进行分工，合伙公司基本上可以保证人职匹配、人尽其责，使公司在战略层的重要决定能够被正确执行。

另外，创业团队也要运用民主协商的方法，避免公司内部出现个人独裁的情况。因为如果领导者的决策是错误的，这种高效的权责分配体系反而会让公司失败得更快。

2. 决策谈不拢

决策会深刻影响公司的生死存亡，就算是一个很小的决策，也可能会让一家原本稳定发展的公司陷入困境，甚至破产倒闭。但合伙人经常会在决策时意见不统一，如果无法妥善解决这个问题，公司发展就会受到阻碍。当大家的想法无法达成一致时，比较好的方法是听专业人士的意见。

讲述人：陈先生

单位：广州某面粉厂

职务：总经理

讲述要点：公司要听专业人士的意见

我的面粉厂是同合伙人共同经营的，我厂十分重视原料的采购管理，管理层每个月都会召开原料采购管理会议，在会议上制定相应的原料采购计划。我厂的采购部门负责"按单抓药"，供应充足的原料，保证面粉生产的顺利进行，并努力控制库存，降低原料储存的成本。

这种做法本来很好，可是在2018年，我们却遇到了麻烦。当时，国内外小麦价格大幅上涨，我厂只能购买价格较高的原料。

面对这种现状，我厂的高层对面粉厂的发展规划产生了不同的想法。

在例行会议上，我们几个合伙人认为，面粉厂还应该按照原来的方法采购原材料，同时，为了进一步增加市场份额，还要继续采取低价策略进行销售。

可是我厂的营销主管却不同意，他认为，在如今的市场环境下，如果还坚持原来的做法，按照高价买进、低价售出的方式运营，必然会造成亏损。同时，他提出面粉厂应该根据市场形势的变化，及时做出相应的调整。比如拓展一项糕点加工业务，引进一批优秀的烘焙师，加工具有创意且美味的糕点。这样既能够增加面粉厂的业务，也能够帮助面粉厂赚取更多的利润。

最终，我们按照团队内部民主协商的方法，通过了营销主管的意见。事实证明，营销主管的想法是正确的。之前与我们竞争的面粉厂，基本上都是按照低价竞争的方法经营，最终都出现了亏损。而我厂在开展糕点业务时，虽然投入了巨额资金，但是由于糕点的样式与口味都深受用户的喜爱，最终还是获得了较高的收益。

这件事给我的启示是：在决策的过程中，合伙人一定要听取专业人士的意见，而不能仅凭经验，主观武断地做决策。

3. 经营理念分歧

在创业过程中，合伙人之间可能在经营理念上产生分歧，如果处理不当，他们往往会分道扬镳，这不利于公司的进一步发展。如果产生分歧的合伙人能够冷静地坐下来，秉着实现公司更好发展的原则，进行实事求是的探讨，分析各自经营方案的利益得失，分析产生分歧的原因，就可能帮助公司顺利度过这次经营管理危机，对以后团队的合作也大有裨益。

讲述人：祝先生

单位：郑州某花草广告牌制作公司

职务：创始人

讲述要点：合伙人分歧影响公司经营

2018年初，我和我的两个合伙人在郑州开了一家花草广告牌制作公司。在公司经营管理的过程中，我们十分谨慎，保持着密切的分工合作，因此在公司成立的前几年，公司的业务发展很快，取得了较为丰厚的盈利。

在分工上，一人主要负责花草广告牌的设计，另一人负责花草牌场地的员工管理，余下一人则负责公司的营销以及业务的推广。我们分工得当，做事效率也很高。

由于我们公司的设计人员大多都是年轻人，他们思想新锐，设计的广告语很有创意，符合当下年轻人的生活状态和思维观念，所以我们公司的广告牌受到了许多用户的青睐。

例如"足下留情，脚下留青""小花微微笑，请您绕一绕"等广告语受到了政府部门和公园管理人员的广泛好评；"践踏草坪就挂科"的广告牌，在校园里更是得到诸多关注，引起了学生们的热议。

然而，我们之中主管公司业务推广的合伙人对公司目前的发展状况并不十分满意，他打算扩展业务范围，向医院广告标识领域进军。但我和另外一名合伙人却觉得他这个想法太过冒进。

我们三人因此产生了严重的分歧，经过一番争论，也没有得出一致的意见。那名主管业务推广的合伙人想招聘一些设计医院广告标识的人才，可是却得不到我俩的支持，这使他十分气愤。

我们之间的矛盾自然也会影响到基层员工的工作，员工在工作时无所适从，公司的发展陷入停滞状态。

一段时间后，我们三人都认识到了问题的严重性，就都做出了让步。最终我们一致做出决定，公司出少量资金发展新业务，但还是要把主要资金用于原有业务的深入开发。

后来的事实证明，我们及时处理问题是明智的，不仅避免了合伙人之间矛盾的恶化，还使公司有了新的研发方向，原有业务也取得了进一步发展，我们公司的业绩更上一层楼。

以上案例表明，当经营理念出现分歧时，创业团队可以遵循三项原则进行处理。第一，切忌直接对立；第二，换位思考，求同存异；第三，头脑风暴，寻求新思路。

冷静、客观是处理分歧的重要准则。当合伙人之间产生分歧时，如果彼此直接对立，把关系闹僵，无疑会对团队的发展造成很大危害。因此，合伙人要学会换位思考，发现对方观点中的合理之处，交流融合彼此观点，以激发出新的观点，找到新思路。

在头脑风暴中找到新思路的概率远远高于个人独断决策找到新思路的概率，由此可见，创业团队如果能遵循原则，用合理的方法处理分歧，也能为公司的发展指明新的方向。

3.4 股东纠纷如何解决

每年与股东纠纷相关的案子数不胜数，初出茅庐的创业者更要处理好与股东权益相关的各项事宜，防患于未然。

在法律实践中，与公司有关的民事纠纷有股权确认纠纷、股东名册变更纠纷、股东出资纠纷，以及公司章程或章程条款撤销纠纷等二十二种类型。每种类型下面还会有相应分类，由此可见股东纠纷的复杂。

每年有很多公司成立，也有很多公司倒闭，其中一部分的公司倒闭就是因为股权纠纷。

股东纠纷很多时候是利益分配不均导致的，一旦对对方产生怀疑与戒备，再好的朋友也没办法和平共事，而在彼此猜忌的情况下，公司很难有进一步的发展。

下面以股权确认纠纷为例，简单分析相应纠纷产生的根本原因。

股权就是股东拥有的权利，所以股权确认问题也是股东资格的确认问题。这个问题可能出现在第三方与公司或股东之间，股东与股东之间，或者股东与公司之间，纠纷点在于股权是否存在，以及持股比例多少。

股权确认只口头说明而不留下实质性文件很可能会导致股权确认纠纷。例如，甲与乙合资买了一块地，之后土地的经营都是甲负责的。后来甲将经营土地的盈利用于成立一家有限责任公司，公司成立后，甲拒绝给乙股权和收益，只愿意返还乙出资的一部分，因此被乙告上法庭。这就是双方事先没有给乙的投资确定明确的属性导致的纠纷。

《中华人民共和国公司法》第三十一条第一款规定："有限责任公司成立后，应当向股东签发出资证明书。"也就是说，如果当初乙出资时明确提出自己的资金用于入股，那么在缴纳资金后，乙已经履行了自己的义务。公司成立后，应当向乙签发出资证明书，并将乙记载在相关文件上。如果公司未履行该义务，乙可名正言顺提起诉讼并要求公司履行义务。

股权的关系并不复杂，但需要相关方事先达成一致意见。而股权结构相对来说调整性很强，需要根据公司的发展情况随时完善，确保有明确的进入和退出机制，这样公司的股权关系才会稳定。

讲述人：李先生

单位：杭州某互联网公司

职务：创始人

讲述要点：利益使我与合伙人决裂

我与合伙人一起搭建了一个在线教育平台，我负责技术，合伙人负责运营执行。我们配合得很好，因此平台上线以来受到了很多关注。

后来我出国留学，出于对合伙人的信任，我将公司全权交给他打理。可在公司即将进行融资时，我回国与合伙人商议股权融资协议，竟发现他占股高达68%。

合伙人的解释是投资方要求全职工作的人占有最大股份，但针对这种情况，我们曾经口头约定过，我不在国内，为满足投资者的要求，可以让他暂为第一大股东，等资金入账之后再让我们的股份对调。

同样出于信任，这些约定并未以书面形式呈现。因此，后来他否认了这一切，也没有人能证明约定的真实性。

平台是我一手搭建起来的，谈判中我要求取得我应有的大股东身份，但是合伙人拒不接受，最终我们并未达成和解。谈判失败了，项目融资也失败了。

从这个案例中我们可以看出，对一个公司来说，完善的股权分配机制必不可少。

口头约定无法作为证据，利益面前信任显得无比脆弱。所以，为了维系公司成员之间的关系，让公司顺利地发展，股权结构必须明确落实为书面文件，由大家商议后得出一致的意见并统一签署。

同时，文件要保证在现有股权结构下创业者对公司的控制力，确保现有分配机制下公司能获取足够的资源，同时应包含未来引入新股东时应有的章程，保证对新人的容纳度。

要构成一个完善的股权分配机制，就要"有始有终、首尾呼应"。有了股权进入机制，也需要设立股权退出机制。

股权退出主要有三种方式：当然退出、除名退出和期满退出。公司应在与股东充分沟通的基础上，在协议中做出约定。

当然退出指因不可抗力或突发事件等非股东的过错而终止劳动合同的情况，如股东死亡、丧失劳动能力或达到退休年龄等，公司可溢价回购其持有的股份。

除名退出指股东经审核不适合其岗位，如股东做出严重违反公司规章制度的事或给公司造成重大损失，经公司董事会批准被取消资格。

期满退出指股东在公司持股超过规定期限后采取当然退出或者退休的形

式离开公司。

在公司成立前,创业者与合伙人明确彼此的关系,明确对方的需求,会有效避免之后的股东纠纷;在公司成立后,建立完善的股权分配机制,保障股东的权益,也能保证公司内部的稳定,有效避免后续纠纷。

第 4 章　产品设计：落实创意，迎合需求

在如今这个时代，公司的产品如何才能脱颖而出，赢得用户的青睐？要解决这个问题，关键在于重视产品设计。创业者可以从找准产品定位、切割和创新品类、提升价格等方面入手进行产品设计。

4.1　找准产品定位，保证差异性

创业者需要为公司的新产品找到合适的定位，以充分体现产品的价值，让产品在投入市场时被目标人群迅速关注并接受。

在向用户展示自己的产品时，创业者要着重介绍三个方面：产品是什么，产品与市面上同类竞品的差异有哪些，产品的差异性如何体现。

如果创业者的产品是目前市面上没有的创新型产品，只要向用户加强宣传这三点，抢先占据用户心智，那么不论后来有多少模仿者，用户都会记得创业者的产品。

如果创业者的产品在市面上已经出现，并且有很多品牌，那么创业者就应该着重展示产品本身的性能，让产品在用户心中的排名尽量靠前。例如提到运动饮料，用户会想到红牛、脉动、东鹏等。产品在用户心中的位置越靠前，被购买的概率就越大。

差异性是产品的价值体现。例如，用户在购买手机时会想到，iPhone 的系统流畅，OPPO 手机和 vivo 手机的拍照功能强大，小米手机的性价比

高等。

然而，当用户在 OPPO 和 vivo 这两个品牌之间选择时，不论二者的产品有多么大的差别，用户都会觉得它们很相似。所以，在展示自己的产品时，创业者不能自说自话，要清晰、明确地展现出产品的差异性，让用户能够理解并认可。

在品牌众多、功能多样的饮料中，王老吉凭借"怕上火，喝王老吉"的宣传语脱颖而出，在用户心中细分出"去火"的领域，并成为该领域内的优先选项。

在强调产品的差异性时，创业者也可以从产品最简单、直观的功能、工艺等方面的优势出发。

例如在早期洗发水的市场争夺战中，海飞丝主打"去屑"功能，飘柔主打"柔顺"功能，潘婷主打"滋养"功能。它们在结果层面直接阐明产品的价值，能够让用户形成一定的区别印象。

创业者在从功能、工艺等方面的优势出发打造产品的差异性时，可以由直观和联想两方面入手。

直观的优势真实存在并且能够被用户感知。例如产品的功能有防晒、保暖等；性能有耐用、速效等。

联想的优势是用户可以通过产品的介绍联想到它的优势。例如产品强调手工、工艺，用户会认为它的质量更高；产品强调材料天然、野生，用户则会认为它更健康。

现在商品的种类越来越多，同一类型的产品创新空间有限，这就需要创业者从市场特性的角度出发来凸显产品的差异性。

在打造产品的市场特性时，创业者还可以从原材料的产地与产品在市场上的发展情况方面入手。基于人们的固有认知，创业者在宣传时提到某样特产，用户会自然地将其与相应的地方联系起来，强调产品材料的正宗，更能吸引用户。

介绍产品在市场上的发展情况时，创业者要先划定一个范围，然后表明产品在其中所占的份额，使产品在用户心中留下更深刻的印象。

创业者要找准产品的定位以及与竞品相比的优势，并将其展现给用户，这样产品的形象就树立起来了。

4.2 切割品类，走爆款路线

创业者可以通过品类切割的理念，从市场中切割出一个细化的内容，以此推出相应的产品，打开新的市场和知名度，实现弯道超车。

近年大热的某品牌饮品能从残酷的竞争中杀出重围、成为爆款，靠的就是切割品类。

首先，其产品从包装上就实现了先声夺人。小清新的日系风格精准抓住了年轻人的心，其高颜值不仅能挑起用户的购买欲望，也能吸引用户拍照并晒图分享。在现今社交网络发达的时代，一张照片很容易就能传播开来，而这也就为品牌进行了免费宣传。

该品牌饮品的价格并不算太高，对用户来说试错成本很低。加上现在很多年轻的消费群体更关注产品外表，为一款饮品好看的外表买单并不奇怪，如果饮品的口感好，更是能给他们带来意外之喜。

该品牌饮品靠高颜值展示了自己的个性，迅速引起了用户的关注，迈出了成功的第一步。

其次，该品牌饮品抓住了用户的痛点。品牌将目标用户定位为年轻群体，这个群体热爱高热量饮品，同时也为自己的健康忧心忡忡，他们一边自嘲是爱喝碳酸饮料的"肥宅",一边养生。

而该品牌的产品主打健康低糖,其"0糖、0脂、0卡"的苏打气泡水被称为"健康版碳酸饮料",口感、健康两手抓,轻松俘获了想减肥,但又喜欢碳酸饮料的用户的心。

最后,该品牌饮品以便利店为主要的线下销售渠道。调查发现,气泡水的主要消费群体与便利店目标客群高度重合,因此便利店几乎等于将该品牌饮品亲手送到了目标客群面前。同时,近年来便利店高速扩张,该品牌饮品也搭上了这条线一起飞速推广开来。

该品牌饮品成为爆款并不是偶然,而是经过切割品类,按计划逐步扩张的。高颜值的日系包装,精准的品牌定位,优于竞品的高性价比,以及戳中年轻人痛点的健康卖点等要素,都推动其走向了成功。

4.3　适当提升价格,打造轻奢产品

在如今这个时代,一味地实行价格战,只会让创业者陷入经营困境。适当提升产品价格有利于公司的可持续发展,因此创业者可以采取轻奢化的理念。

"比普通更讲究,比奢华更自由",这句话就是轻奢的完美体现。轻奢是现代人的一种生活方式,也是一种消费态度。轻奢的本质是理性的品位,是理性地购买自己认为好的产品,而不是跟风追求别人认为好的产品。

轻奢产品指的是大众能够负担得起的奢侈品,能带给客户高品质的消费体验。现代人虽然追求生活品质,但是这并不意味着大家都能购买昂贵的奢侈品,在这样的市场状况下,轻奢产品应运而生。在经济能力允许的情况下,用户会追求产品的品质,会购买稍贵一些的衣服、首饰、

皮包和香水等，以此来换个好心情，并提升个人形象。

这就带来了一个很好的创业机会，创业者可以凭借如今的市场方向，打造轻奢产品来满足用户的消费需求。

那么轻奢产品的特点有哪些？主要有款式独特、品质优越和价格中等这三点。

相比于以往的大众消费，小众消费逐渐成为越来越多人追求的消费潮流。人们越来越注重挖掘自己身上的独特气质，并通过购买风格小众、款式独特的产品，来衬托自己的特质，因此产品的独特性成了用户的主要购物追求之一。

品质是支撑轻奢产品的关键，品质就在于产品本身的材质、设计和质量。如果要打造一款轻奢产品，创业者就要在产品的品质上把好关，在产品的包装、选材，以及产品的实用性上多花心思，使产品在市场中呈现出优越的品质。

轻奢产品区别于奢侈品，不能让客户一看价格标签就望而却步，其价格应保持在中等水平，让多数人消费得起。

把握好上述三点，创业者就能把握住轻奢产品的制造方向。

4.4 创新品类，重新定义细分领域

如今，市场中产品的品类都在不断地创新和细分，例如在乳制饮品行业，先由牛奶细分出酸奶，又细分成草莓牛奶、香蕉牛奶、黄桃酸奶和炭烧酸奶等。这样的新品类给了新公司一个能够直接弯道超车，一举超过老公司的机会。

创业者洞悉行业的基本目的是以行业的信息为依据，来制定更合适的公

司战略。因此创业者除了要有行业大局观，还要对产品的市场进行细分。

例如一家以开发软件为主的创业公司，从大方面上来看它属于软件行业，但是软件行业中也存在各种类型的公司，此时就需要对其进行进一步细分。

该公司开发的软件分化后属于游戏类软件，但分化还没有结束，仍需要继续对公司主营业务进行详细解读。经过多层解读后，假设该公司被判定为手游类软件开发公司，那么该公司就可以在此基础上创新产品的品类。

值得注意的是，很多公司存在混业经营的现象，在进行行业细分时，创业者要根据公司实际情况采取不同的细分方法。如果所涉及的行业之间没有太大关联性，创业者可以将它们细分后再进行归类。如果所涉及的行业之间关联性较大，创业者可以先将行业整合起来再进行分类。

行业细分的主要目的是让细分后的领域对目标用户更具针对性，更适合公司的经营发展。因此，产品所面向的市场必须是可以细分的，细分后的不同市场会展现出不同的需求，这样公司才能够根据不同用户群体需求，创造出新的品类。

在创新品类时要注意重新定义领域，对此，公司要以用户为中心把握三个重点，如图 4-1 所示。

01	02	03
分解用户目标	注重用户的服务体验	注重产品的使用情境

图 4-1　以用户为中心的三个重点

1. 分解用户目标

很多公司的产品在市场上容量有限，其根源是用户对产品本身抱有过高的预期和不切实际的使用目标，由此降低了自身的购买意愿。

对此，创业者可以将用户目标进行分解，只让产品满足其中的一个或几个小目标，以此来重新细分市场，提高用户对产品的满意度。

2. 注重用户的服务体验

现在人们的消费观念更注重个性化、轻奢化，更追求产品的品质。部分用户已经无法满足于千篇一律的服务内容，开始追求优质的消费体验，这就需要创业者来重新构建产品的服务体系。

3. 注重产品的使用情境

改变用户消费行为的本质是改变他们在特定情境下的行为概率。因此创业者可以将日常使用的产品，转变为在特定时刻、特定场合使用的产品。创业者在打造产品时，不需要考虑如何让用户时常想起产品，只需要考虑产品如何在特定时刻、特定场合被用户想起就可以了。

另外，很多产品只在某些特定情境下才会唤起用户的购买欲望，例如中秋节吃大闸蟹、吃月饼，情人节买花等，这些产品就属于低频产品。创业者要尽力改变产品的定位，以改变用户的使用情境和购买习惯。

创业者创新品类时需要进行领域细分。将用户作为主体，是公司选择目标市场的基础。按照一定的标准，将用户划分成不同的群体，能让公司对用户的需求有针对性地进行管理，并通过创造新的品类来满足不同用户群体的需要。

用户的需求随着社会的发展而不断变化，产品也要根据用户需求的变化而不断更新迭代。下面有四种产品策略，能够为创业者创新产品品类提供思路，如图4-2所示。

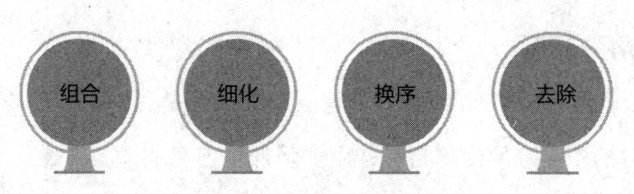

图 4-2　四种产品策略

1. 组合

将一些看似没有关联的功能组合到一起，使产品满足用户的需求。

创业者可以将用户的阶段性需求组合到一起。例如，过去家长在照料婴儿时，会给他们先穿上尿不湿，再在外面套上一层裤子，这样就很麻烦。而婴幼儿成长裤将尿不湿和裤子合二为一，很好地解决了尿不湿和裤子分别穿的麻烦。

2. 细化

很多时候，用户选择一个产品不是因为它完全满足了自己的需求，只是因为该产品满足了其他同类产品没有注意到的细微需求。所以，创业者应该考虑如何细化需求，以便更大程度地满足不同用户的细微需求。

例如，一家服装公司之前都是根据 25～35 岁女性用户的需求设计服装。为了让服装设计方案更精准，该公司决定将需求进一步细化，分别分析 25～29 岁、30～35 岁两个年龄段女性用户的需求，然后根据其需求设计更具细节感的个性化服装。

3. 换序

市场上的很多产品都有默认的功能使用顺序，其实这些默认顺序可能不够人性化，其使用体验并不理想。因此创业者可以将产品的功能顺序进行调整，以此来重新创造一个品类。

如果用户在购买某类产品时，发现了更加人性化的产品，那么用户就会增加对该产品的好感度。

4. 去除

新产品不可避免地需要中间繁杂的环节来支持其功能的使用，这就增加了产品打入市场的难度。如果创业者在创新品类时，能够简化中间环节，提高产品使用的便捷性，那么产品将会更加吸引用户。

有一家公司设计了一款 App，用户需要经过手机号注册、人脸识别、身份证照片核验、个人经验填写等流程后才能开始使用 App。

这一设计阻碍了许多想尝试的用户。为了使产品更人性化，该 App 只保留了手机号注册这一使用要求，其他项改为在实际发生交易时填写。这不仅打消了用户对隐私泄露的顾虑，还降低了用户的尝试成本。

新事物都是在原有事物的基础上出现的。创业者要重新审视现有的产品，对其中的关键环节进行调整，从而让产品能够更好地满足用户需求。

4.5 撰写全面、有条理的产品需求文档

一个产品从设计到面世，要经历将抽象的概念具象化，将文字或图纸转换成具体的零件或步骤，最终组合拼装成完整产品的过程。

产品设计能够将碎片化的灵感转换为可执行的步骤。产品的外观与内部架构，产品的功能与特点，乃至从单一产品到整个系统的构建都在产品设计中体现，因此它的意义重大。

产品设计的最终表述形式被称为产品需求文档（Product Requirements Document，简称 PRD）。产品需求文档主要用于产品的界面设计和研发，是供执行层面的员工（如设计与技术人员）阅读的文档，能够将产品规划设计中的需求以具象化的形式表现出来。

在开发产品的过程中，执行层面的员工都希望能够得到明确的指令，并能与各部门即时沟通。因此，产品需求文档要结构清晰、语言简洁易懂，并能实时共享，方便各部门交流。

产品需求文档通常包含产品概述、流程图、功能详情和原型、全局说明和非功能性需求五方面内容，如图4-3所示。

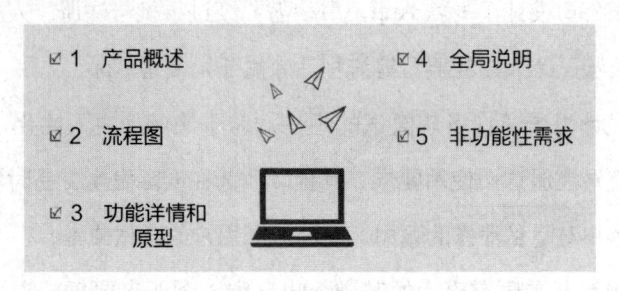

图4-3 产品需求文档的内容

1. 产品概述

产品概述由文档修订历史、版本说明、开发周期和产品介绍四部分构成。

文档修订历史可以向共享成员展示文档的修改状况，方便相关人员随时了解产品设计的变动，明确后续应该如何去做。

版本说明则会记录每一个上线版本的核心功能改进以及增删情况，方便相关人员参考。

开发周期能够清楚地梳理产品自开发以来每一进度的实施日期以及计划的完成日期，通过预期与现实的对比，相关人员可以明确当前的开发进度。

产品介绍记录了产品的基本信息，如名称、简介和定位等。

2. 流程图

流程图一般由功能结构图、信息结构图和任务流程图三部分构成，其表现形式为思维导图。

功能结构图展示了产品的所有功能；信息结构图描述了产品所需的各项信息；任务流程图则记录了产品的使用流程。

3. 功能详情和原型

功能详情和原型是相关人员查看频次最高的内容，一般由原型图与注释组成，既有清晰的图像，又有文字补充，方便相关人员理解。

4. 全局说明

全局说明一般用来展现产品的设计规范。

5. 非功能性需求

产品的非功能性需求包括性能需求、系统需求、运营需求、安全需求、统计需求和财务需求等。创业者可根据公司的需求进行调整和取舍，并在产品需求文档中标明非功能性需求，这将有助于产品的设计开发。

在撰写产品需求文档时，创业者需要注意以下三点。

第一，产品需求文档要求严格。作为说明性的文档，其目的是介绍清楚产品的功能与需求，便于相关人员理解与执行，因此文档要直入主题、简单明了。

另外，产品需求文档还起着结构框架性指导的作用，是相关人员设计制造产品的方向，因此也要逻辑清晰、思维严谨。

第二，产品需求文档格式不固定。由于个人习惯、逻辑思维不同，产品需求文档并没有标准的格式规范，只要能将功能与需求表述清楚即可，但绝不可随便照抄模板。

第三，完成产品需求文档并不是一劳永逸。材料、环境、需求的改变，设计的不可执行等因素都会对产品需求文档产生影响，因此创业者应不断更新产品需求文档。

创业者想要写好产品需求文档，不仅需要不断提升自身的专业素养，还要时刻保持着对产品的专注。此外，创业者在撰写产品需求文档的过程中还要不断搜集信息，倾听他人的意见。

第 5 章　差异化营销：建立局部竞争优势

目前很多行业都面临同质化问题，这就要求公司必须打造与众不同的营销策略，建立自己的差异化优势。为了达到这个目的，差异化营销应运而生。本章对差异化营销进行了详细介绍，以帮助公司在竞争激烈的市场中寻求一席之地。

5.1　选择正确的竞争对手

有这样一则笑话：你和禽兽决斗，有三种可能的结局。
一是你赢了，说明你比禽兽还禽兽；
二是你输了，说明你连禽兽都不如；
三是你们打平了，说明你和禽兽是一样的。
这告诉我们一个道理：选择正确的竞争对手很重要。

市场就是许多公司共同演绎的一出精彩舞台剧，主角、配角以及默默无闻的幕后工作者各司其职，共同确保舞台剧的顺利上演。根据公司在市场中的分量和地位，我们可以将市场的参与者划分为市场领先者、市场挑战者、市场追随者、市场补缺者四类，如图 5-1 所示。

一般来说，新进入市场的公司对自己的定位有三种：追随者、补缺者或勇敢的挑战者。同时，新进入市场的公司还必须慎重选择竞争对手，瞄准一个对手，集中全部资源将其打败。

贾森·詹宁斯（Jason Jennings）是一位著名的企业顾问，《大处着眼小处着手——伟大的公司如何创造卓越的业绩》是其最具代表性的畅销书。此书总结了他丰富的公司征询经历。书中还指出新公司进入市场后试图与所有竞争对手竞争是不可行的，而且是鲁莽且致命的。

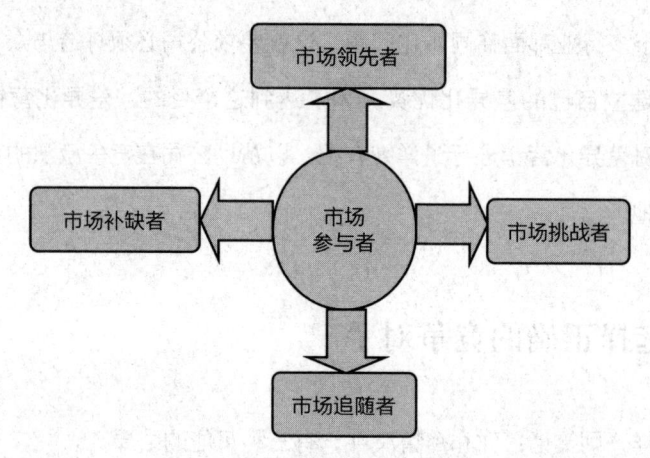

图 5-1 市场参与者的四类角色

在激烈的竞争下，新公司最好先选择同行中较弱的公司作为竞争对手，将其打败，然后一步步向前列靠拢。选谁当自己的竞争对手与公司对未来市场趋势及格局的预测有很大关系，而竞争对手在市场中的位置就是公司下一步想要占据的位置。

选择竞争对手的方式是公司营销策略的体现。只有营销策略清晰可见，公司才能够依据自身的实力以及特点，选择目前最适合的竞争对手，从而赢得最终的胜利。

从一定程度上说，竞争对手也可能是一个品类，而不只是一个品牌。比如九芝堂的广告语是"治肾亏，不含糖"，它所设定的竞争对手是"含糖的六味地黄丸"这一品类，而不仅仅是同仁堂六味地黄丸或者仲景六味地黄丸等某一个品牌。

另外，公司给自己寻找的竞争品类可以是市场上已经存在的，也可以是公司根据自身特点创造出来的"虚拟品类"。

比如，上述案例中九芝堂的竞争品类"含糖的六味地黄丸"就是九芝堂为了推出"不含糖的六味地黄丸"而创造出来的虚拟竞争品类。

公司给自己找竞争品类的目的是更加方便地开拓市场，顺利地推出创造的新品类。这个过程是复杂的。首先，公司要对市场上四类参与者的心智占位进行研究，从中发现市场核心需求及其被满足情况；其次，通过对市场核心需求与产品特殊属性的配对研究，公司可以找到产品准备发力的核心方向，以及通过整合多个属性可以打造出的产品新卖点或概念；再次，公司经过调研、测试与论证，就可以确定产品即将占据的目标品类；最后，为目标品类设定竞争品类，这个竞争品类可以是已经存在的品类，也可以是创造出来的虚拟品类。

对于一个新进入市场的公司来说，如果没有找到竞争对手或者找错竞争对手，公司的资源就不能集中有效地利用，营销效果也会受到影响。需要明确的是，公司不能把同行业中竞争的参与者都当作竞争对手，只有那些与自己相互抗衡，旗鼓相当的竞争者才是竞争对手。公司在选择竞争对手时，应该注意以下三个问题。

1. 选择竞争领域

同一个行业中也会有很多不同的细分市场，公司选择了细分市场，也就将自己的竞争对手锁定在了这个细分领域中。

2. 选择竞争区域

对于一家公司来说，在不同地区的竞争对手可能会不同，因此在营销过程中，公司应先选择竞争的区域，再在区域内寻找竞争对手。

3. 选择竞争目标

每个人都有梦想，公司也有其目标。公司的目标就是公司对于未来发展的一种预期。公司目标决定了公司发展的方向，在公司为了目标而努力的过程中，会有很多阻碍。具有相同目标的公司就是最主要的阻碍，它也就是公司的竞争对手。

对上述三个问题进行清楚的分析，公司就会找到自己的竞争对手。公司需要对竞争对手有一个清醒的认识，只有将竞争对手的情况摸清楚，公司才能在竞争中处于主动地位，才能精准地制定出相应的营销策略。

5.2 价格是确定的，价值是不确定的

一双普通运动鞋价格大约几百元，一双耐克运动鞋价格可以达到上千元，而一双爱马仕运动鞋的价格则可以达到上万元。为什么同样是运动鞋，它们的价格却不同？

不管它们价格不同的实际原因为何，我们都必须承认产品制造时代已经成为过去，现在是塑造产品价值的时代。在产品供大于求的市场中，谁最擅长塑造产品的价值，谁就能取得最终的胜利。

原材料、生产、加工和销售等因素影响着公司的命运，而公司要想在市场中脱颖而出，还需要打造品牌特色作为公司以及产品的灵魂。一个没有灵魂的产品只具备最基本的价值——使用价值，而这最终会使产品陷入同质化泥潭中。树立品牌意识，加强企业文化建设，才能使产品价值得到升华。

品牌是以产品为介质传递出的一种情感利益认同，它可以满足用户的情感价值需求。比如，小米、苹果的粉丝之所以如此疯狂都是因为小米、苹果品牌的个性理念，这些粉丝也就成了品牌的消费主力军和忠实宣传者。一些

偏爱宝马的用户并不在乎汽车的性能有多好，跑得有多快，能开多长时间，他们在乎的是宝马的品牌价值，即宝马带给他们的感觉与身份象征。

对产品价值的塑造并不是简单地说说就可以了，很多公司都说它们的产品是最好的，但几乎没有用户相信。公司必须对产品本身的卖点有清楚的了解，并且准确把握用户需求。例如，马云创立的阿里巴巴能够满足互联网时代用户的网上购物需求，比尔·盖茨创立的微软准确把握了个人电脑的未来需求。

用户购买产品往往看中的是产品价值。毋庸置疑，公司所有的营销活动基本都是为了证明自己的产品物超所值。要想实现销售，就必须让用户认同产品的价值高于产品价格。意识到产品价值比价格高的时候，用户就可能会毫不犹豫地购买它；反之，则可能不会。

对于用户而言，价值与价格的对比关系是决定其是否购买产品的关键因素之一。因此公司要通过专业的营销手段为产品塑造价值，尽可能地使产品的价值高于价格。公司可采用以下几种方法塑造产品的价值。

1. 用环境和氛围提升产品价值

咖啡的原材料为咖啡豆，咖啡豆作为作物销售时，一千克可卖十美元。而咖啡店里的咖啡，买一杯最少也需要五美元。当咖啡作为一种品位与小资生活的象征在星巴克销售时，其价格更高。用户到星巴克喝咖啡，咖啡只是其消费的一部分。除了咖啡，用户还要为星巴克的文化氛围和舒适环境，甚至听到的每一首音乐买单。

利用环境和氛围提升产品价值的营销方式，不仅能给客户带来美的享受，也能给公司带来可观的收益。在竞争激烈的市场环境下，利用环境和氛围为产品提升价值已经成为各大公司首选的营销策略之一。而公司想要打好这张牌，则需要下十足的功夫。

北京某购物中心也展开了利用环境和氛围提升产品价值的活动。该购物中心在开业一周年时请来了卡通形象小黄人助阵，一段时间过后，小黄人集体换装，变身为钢铁侠、绿巨人和大白等，又吸引了众多用户前来。

该购物中心从开业以来，一直重视给用户的购物过程增添乐趣。不仅开业一周年时的小黄人特展轰动京城，哆啦A梦道具展览也热闹非凡，这足以说明以体验式营销塑造的环境和氛围对客流的巨大吸引力。

该购物中心对用户的购物体验十分重视，成功打造了"一站式"消费服务，不仅增加了用户与销售员之间的互动，还让用户"反客为主"。用户可以自由自在地和小黄人"牵手"购物，同时还可以与朋友们在线交流，把欣喜分享给大家。这种营销方式淡化了商场的商业属性，同时深化了其社交属性，让用户获得了优质的消费体验。

在市场竞争如此激烈的情况下，公司必须利用好用环境和氛围提升产品价值的这张王牌。而这种新型营销方式的出现，也将为处于迷茫中的销售业另辟蹊径。

2. 量化产品价值

如果产品的价值无法量化，用户就感受不到这种价值，也就不会对产品产生信赖，"无价等于零"就是这个道理。公司必须学会用数据说话，从实际价值和心理价值两个方面对产品价值进行量化。

3. 用材料和工艺来塑造产品的价值

众所周知，劳斯莱斯汽车价格非常贵，却依然供不应求，这是为什么呢？一方面，劳斯莱斯汽车公司每年只生产几千辆汽车，比世界其他汽车公司产量的零头还要少，因此在用户心中留下了物以稀为贵的印象；另一方面，劳斯莱斯汽车公司的汽车都是手工生产的，公司还可以让用户看到汽车生产的全过程。

一个工人花费一整天的时间才能制造出一台散热机的原型，然后再花费5个小时对它进行手工打磨，才完成了一台散热机的制造。据统计，制作一个方向盘需要15个小时，装配一辆车身需要31个小时，安装一台发动机需要6天的时间。

由于制作时间长，装配线上的零件每分钟最多移动6英寸（合15.24厘米）。一辆完整的汽车被制作出来需要两个半月，还必须经过5000英里（合8046.72千米）的测试。这一切都向用户证明，劳斯莱斯汽车用优质的材料，花费比其他汽车多了近十倍的时间精心打造，是非常有价值的。国内乐百氏利用"二十七层净化"营销方案，向用户展示纯净水的生产工艺，也是这个道理。

4. 打造产品的稀有性和独特定位

在河边，我们意识不到水的珍贵；而在沙漠中，水却是比黄金还要珍贵的东西，我们将其视为生命。在产品日趋同质化的市场中，产品的稀有性为其塑造了价值。打造产品的稀有性，可以从两方面做起。

一方面，公司应该敏感地感知市场，善于发现新市场。产品在旧市场中已经普及，但在新市场中是稀缺的；另一方面，公司要善于发掘产品的独特功能定位。

例如，传音手机没有在国内与华为、小米、OPPO和vivo等品牌竞争，而是选择了进军非洲市场，并且针对非洲人的特点和喜好开发了前置双摄自拍功能，大幅改善了非洲人在光线暗的情况下自拍效果不佳的情况。

根据传音控股此前发布的2021年财报可知，2021年传音控股的营业收入为494.12亿元，手机出货量达1.97亿部。另外，2021年传音手机全球市场占有率为2.4%，在全球手机厂商中排名第三。

公司不仅要为产品塑造高于产品价格的价值，还要为用户提供无微不至的贴心服务，这样才能让用户持续消费。

5.3 痛点、痒点、兴奋点

在营销领域，有三个关键词始终是营销人员的关注重点：痛点、痒点、兴奋点（卖点）。实际上，它们不仅是所有营销活动的诱因，更是一切产品和服务的根本策动点，如图 5-2 所示。如果产品和服务的核心价值没有体现其中任何一个关键词，那么取得商业成功只能是幻想。

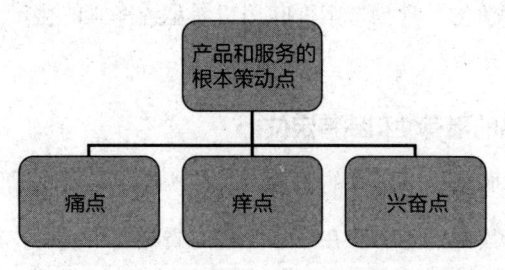

图 5-2 营销活动的三个诱因

1. 痛点

简单地说，痛点就是用户在日常生活中遭遇的麻烦，如果问题得不到解决，他们就会陷入负面情绪中。因此，用户需要合适的解决方案来化解自己的痛点，使自己的生活状态恢复正常。营销就是在为消费者化解痛点的过程中起作用。

例如，很多人经常感到胃痛、胃酸、胃胀，如果不能有效缓解这些症状，人们就无法正常生活。斯达舒"胃痛，胃酸，胃胀，就用斯达舒！"的广告语直击消费者痛点，获得了营销的成功。再如，每逢过年，人们都要给长辈送礼，但送什么礼却一直是人们的一个痛点。脑白金通过直击痛点的广告语让人们送礼时不再纠结，从竞争激烈的营养品市场中脱颖而出，成了人们送礼的优先选择。

总而言之，用户的痛点就是那些日常生活中令他们担心、纠结以及影响他们身心健康的问题。营销人员要做的就是发现并解决用户的问题，然后告诉用户："我"可以解决你的问题，只要你有这种问题就可以选择"我"。

2. 痒点

痛点是用户亟待解决的问题，而痒点不是必须解决的问题。痒点是最吸引用户的地方，使用户一看到产品就会产生兴趣与向往。例如，赏心悦目的外观与优秀的性能表现是苹果手机给用户带来的痒点，很多用户对它非常向往，恨不得"卖肾"也要买苹果。

实际上，对于用户的痛点，营销需要做的是解决用户的问题；对于用户的痒点，营销需要做的就是满足用户的欲望。营销界有句话叫作"不疼不痒没感觉"，意思就是，如果产品不能为用户解决问题，又不能满足用户内心的欲望，用户就不会产生购买的想法。

例如，买房已经成为很多人的痛点，而高档、豪华、有格调的房子，几乎是每一个人的向往。如万科城市花园、西郊庄园和碧桂园等五星级住宅就刺激了人们心中的痒点。

因此，在营销过程中给用户情感和心理上的满足感，就能满足用户的痒点。

3. 兴奋点

兴奋点是产品自身所具备的特色，兴奋点会使用户怦然心动。因此，成功塑造产品的兴奋点，能使产品瞬间占据用户的内心。

例如，某酒店通过"五星级的待遇，四星级的价格"的宣传，使大部分商务人士瞬间就动心了。五星级酒店本应是五星级的价格，如今只需要四星级的价格，商务人士当然会兴奋，产生入住的欲望。而藏鸡蛋之所以非常昂贵，是因为生这种蛋的鸡是放养在唐古拉山的野外环境中吃天山雪莲与冬虫夏草长大的，平均七天才能产出一个且来源不凡就是藏鸡蛋的兴奋点，这吸引了很多用户。

如果不知道目标用户的"三点"，就无法顺利开展营销活动。那么，如何寻找用户的痛点、痒点、兴奋点呢？

1. 详知自己的产品和服务

很多营销人员对自己的产品没有足够的了解，例如不了解产品的材质是什么，产品制造过程中运用了哪些技术，甚至很多营销人员都不知道产品的产地。

营销人员应该熟知产品的每一个特点、细节，而不是仅干巴巴地说"我的产品是最好的""我的产品有质量保证"或者"我的产品是独一无二的"。这些话语没有明确产品的特性，根本无法直击用户的痛点，也不能引起用户的痒点，更不能激起用户的兴奋点。

2. 充分了解行业内竞争对手的产品和服务

营销人员将自己产品了解透彻还不够，还要了解同行业中竞争对手的产品。将自己的产品与竞品做一个深度比较，能够明确自己产品的优势与劣势。而分析产品的优势和劣势是解决用户痛点的重要途径。

例如，糕点因为含糖量的不同具有不同的优势。宣传糕点甜的甜品店会吸引觉得糕点越甜越好的用户。然而有些用户是糖尿病患者或对饮食健康非常注重，他们不能吃太甜但是又很喜欢吃糕点，因此不太甜的糕点就受到了他们的欢迎。

3. 充分了解用户对产品的看法及认可度

营销人员可以通过社会化媒体了解用户对产品的看法及认可度，例如百度搜索、微博关键词查询等，并以此为依据针对性地分析和总结用户的"三点"。例如化妆品营销人员可了解用户怎么看待化妆品品牌，始终使用一种品牌还是经常更换品牌，当所用品牌价格升高是否考虑换一种品牌等。

4. 充分、详尽地解读用户的购买心理

寻找用户"三点"的最关键步骤就是洞察用户的购买心理。营销人员可以将自己当作用户，通过自问自答的方式了解用户的购买心理。如果条件允许，营销人员还可以通过社交平台、搜索引擎和媒体平台等对用户进行心理调查，一边调查、一边推广可以取得更好的营销效果。

对自己产品和竞品的了解、对比是进行产品差异化定位的重要步骤，只有经过这一步骤，营销人员才能在细分市场找到目标用户的痛点。对用户的了解同样至关重要，只有发现他们的真正需求，才能找到他们的痒点与兴奋点，而这也是决定营销成败的关键。

5.4 比附营销策略

某手机厂商曾在手机产品发布会上将自己公司研发的手机系统与苹果、小米、三星手机系统做了详细对比。

这次对比给用户留下了很深的印象，使很多用户将其手机与苹果、小米等手机归为一档，为其手机在市场的推广起到了促进作用。

此手机厂商在推广营销过程中使用的就是比附营销策略。比附营销策略是一种高性价比的营销手段，这种营销策略适用于公司对新产品的推广营销。对新产品进行比附营销能够使目标用户迅速对产品产生认知，从而感兴趣，乃至购买。

比附营销策略的操作方法是将产品或品牌与同行业内的知名品牌进行联系比较，使用户迅速认识并接受新产品，提升新产品的知名度。比附营销策

略的运用有两种方式。

一是将产品与知名产品进行联系，但承认自己比较弱。这种方式会让用户感觉公司诚实可信，没有欺骗用户，从而增加用户对公司的信任度。如果公司的产品没有很高的知名度，却在宣传产品时将自己标榜为行业第一，这样用户不仅不会相信，还会对公司产生不良印象，最终对公司造成不利影响。

二是在产品的广告里，同时体现自己的品牌与知名品牌，或者主要体现自己的品牌，隐晦地体现知名品牌。通过广告语的引导，用户会不知不觉地将我们的品牌与知名品牌联系起来，而且对知名品牌有很强信任感的用户也会因此对我们的品牌产生一定信任。如此一来，用户对产品的认识将上升一个层次。将我们的品牌与知名品牌相提并论，能有效刺激用户的购买欲望。

很多公司在开发新产品时都有这样的顾虑：在这个行业里，一些知名品牌的形象与利益点已经在用户心中留下了深刻的印象，一旦新产品采用传统的品牌建立和提升策略进行推广营销，就要花费巨额的成本。新品牌与知名品牌的抗衡可谓是以卵击石。

而比附营销策略就是在这种情况下发挥作用的。借知名品牌的"东风"对新品牌进行营销推广，让用户的视觉、听觉和触觉等形成统一的认知：新产品已经可以与知名品牌相提并论。七喜就是运用这种营销策略取得了空前的成功。

蒙牛刚刚诞生的时候，只不过是一家普通的乳制品公司，和众多的乳制品公司一起被淹没在品牌的海洋中。如果蒙牛依照传统的营销策略运作，虽然也有可能成为一个销量不错的品牌，但是要想成为与伊利齐名的国内知名品牌，几乎是不可能的事情。

1999年，蒙牛乳业由自然人发起成立，共筹资近1400万元，第一年，

第5章 差异化营销：建立局部竞争优势

蒙牛的销售额为 0.37 亿元；2002 年，蒙牛销售额突破 20 亿元；2006 年，蒙牛销售额达到 162.46 亿元；2007 年，蒙牛销售额为 213.18 亿元，成为中国首家年收入超过 200 亿元的乳制品企业。

此外，蒙牛还打开了国外市场，在俄罗斯、新加坡、马来西亚等十几个国家和地区都可以看到蒙牛产品的身影。

蒙牛的巨大成功必然有多方面的原因，其中，品牌定位策略发挥了关键作用，而蒙牛对比附营销策略的运用可谓是营销领域的经典之作。

蒙牛诞生伊始，没有工厂、没有品牌知名度、没有市场份额，然而它将自己与当时国内最大的乳制品企业伊利联系起来。例如，蒙牛的广告牌上曾写着"创内蒙古乳业第二品牌"，蒙牛冰激凌的包装上曾写着"为民族工业争气，向伊利学习"等。

伊利的知名度无形中对蒙牛产生了巨大影响，提高了蒙牛的知名度。一方面，蒙牛宣称"第二"的谦虚态度赢得了用户的尊敬与信赖，获得了良好的口碑；另一方面，宣称"第二"相当于为自己占领了一个只屈居于伊利之下的制高点。这样，用户都记住并认可了蒙牛是内蒙古乃至全国乳业的"第二"。

2008 年爆发的"三聚氰胺事件"使整个中国乳制品行业都面临着用户的信任危机，作为行业领头羊的蒙牛处在风口浪尖上。

2008 年，蒙牛全年亏损将近 10 亿元，2009 年初的舆情危机让蒙牛雪上加霜。在这种危机之下，中粮与蒙牛联合发布公告——中粮耗资 61 亿港元，通过认购基金与牛根生现有股份的方式获得了蒙牛约 20% 的股权，成为蒙牛最大股东。

中粮集团是全球 500 强企业，是中国最大的粮油食品企业。蒙牛又一次通过比附营销策略，成功度过了公司成立以来最大的危机。而且，中粮集团的入驻，不仅为蒙牛提供了成熟的食品安全管理控制体系，也让人们不得不把蒙牛和中国粮食巨头联系在一起。

利用比附营销策略将危机转化为机遇，同时借助中粮成熟的渠道和平台，蒙牛又上了一个新台阶。不管是已经小有成就的公司，还是新生公司，都应该学习蒙牛的成功经验。比附营销策略的实行可以从三个方面入手。

1. 甘居"第二"

这种做法就是明确地承认行业中最具知名度的品牌的领先地位，而将自己排在"第二"。蒙牛最初就是运用甘居"第二"的营销策略获得用户的认同与好感，提升品牌知名度。同样，美国阿维斯出租汽车公司对自己进行了"我们是老二，我们要进一步努力"的定位之后，品牌知名度迅速飙升，赢得了很多忠诚的用户。

2. "攀龙附凤"

这种做法的切入点与甘居"第二"是相同的，也需要承认自己不如行业中一些知名度很高的品牌。有所不同的是，这种方式要重点宣传本品牌与知名品牌并驾齐驱或者比之更优秀的某些方面。例如，来自内蒙古的宁城老窖，对自己的定位是"宁城老窖——塞外茅台"，这对用户有很大的诱惑力。

3. "高级俱乐部"

在某些行业中，如果前两种方法都不可行，还可以采用"高级俱乐部"的营销策略，即强调自己是高级俱乐部中的一员，借助高级俱乐部的声望，有效提升自己的地位、形象。例如，宣称自己是"某行业的三大公司之一""十大驰名商标之一"等。

美国克莱斯勒汽车公司就是这样做的，它通过宣传自己是"三大汽车公司之一"，使用户认识到克莱斯勒已经是知名品牌了，从而产生了良好的营销效果。

比附营销策略是公司常用的营销手法。对比附策略的巧妙运用，可以让公司"借势"上场，在用户心目中明确公司的品牌定位。

5.5 营销中的"降维打击"

"降维打击"的概念来自刘慈欣的科幻小说《三体》，该小说讲的是太阳系之外的高等文明发明了一种叫作"二向箔"的武器，该武器可以将太阳系从三维降到二维，在人类无法适应二维的情况下，地球文明毁灭就成为必然。

如今，"降维打击"的概念在商业竞争中也非常适用。"降维"的表述非常形象，如果人类由三维降到二维就无法生存，那么一家公司从三维降到二维同样无法生存。随着互联网的发展，很多公司失去了原本的维度，给公司带来了沉重的打击。

营销竞争中的"降维打击"是一个宽泛的概念，即公司管理者在不同层次、不同角度的思维火花碰撞，体现了公司管理者对商业模型和业务模型的不同理解和认知。"降维打击"可以考验公司管理者对市场规则的熟悉程度以及对公司发展做出规划和行动的魄力。

"降维打击"的基础是市场催生的成长压力与创新渴望。在同一个维度上竞争，要想取得胜利是非常困难的。例如360很难打败百度，拍拍很难打败闲鱼，来往很难打败微信。因为在同一维度上，先来者具有很大的优势，想要改变已经形成的市场格局，最好的方法就是"降维打击"。

电子商务通过去掉地域维度的限制打击了很多传统的线下实体店。在过去，商场只要开在人流量很高的位置，生意就能红火，而在电子商务的打击下，地域这个维度几乎不存在了。

互联网巨头对运营商的"降维打击"更是直接有效。腾讯QQ、微信通过整合语音、文字和多媒体，为用户提供了体验良好的信息交互平台，运营商因此"降维"成了传输管道。随着互联网技术的高速发展，运营商还将面临更为密集和强烈的"降维打击"。

很多公司管理者都是通过对竞争对手发动"降维打击"成就了自己的公司。

在互联网领域，之前国内各大杀毒软件厂商都是通过收取软件费用赚钱，瑞星、江民等杀毒软件每年都有几千万元甚至几亿元的盈利。但360安全卫士通过免费战略去掉了成本维度，成功地打击了竞争对手，于是传统的杀毒软件逐渐退出了历史舞台。

在电商领域，京东深知淘宝所拥有的用户群优势，因此将物流配送服务做到了极致，极大地缩短了送货时间，在时间维度上打击了淘宝。

在金融领域，尽管竞争激烈的金融市场已经趋于稳定，余额宝依然通过简单的操作模式，在用户体验维度上打击了操作复杂而烦琐的传统理财产品。

在手机产品领域，小米对竞争对手的"降维打击"在每个营销环节中都有所体现。从小米系统开发到硬件上市，从品牌塑造到"饥饿营销"，小米将"降维打击"的思维体现得淋漓尽致。尤其是在手机销售环节，竞争对手都是通过各级经销商、代理商将产品销售出去，而小米则以粉丝为基础建立了互联网销售渠道，去掉了中间商维度。

在游戏行业，腾讯去掉了硬件的维度，打击了其他竞争对手。被誉为"游戏霸主"的任天堂通过游戏机与游戏卡的销售赚取利润，但它从2011年开始出现了亏损。腾讯游戏在2014年第一季度全球游戏公司收入排行榜中以 17.14 亿美元的营收位居第一，一举超越了微软、索尼、任天堂等国际大厂。

面对来势汹汹的"降维打击"，公司应该采取哪些应对措施？

第一，"降维打击"是一场商业战争，是公司领导者复杂思维与简单思维之间的较量。在市场竞争中，一些公司趋向于挖掘竞争对手的缺陷，其实，发现自己的缺陷一样重要。公司应当不断优化自身的业务模型，及时发现并弥补自身缺陷，以尽可能地避免竞争对手发现自己的缺陷并采取"降维打击"。

第二，在互联网时代，积极的防守对公司发展来说是必不可少的，然而进攻却是最好的防守。公司在增加自身防御力的同时，要积极采取"增维"措施。在"维数"相对更多的情况下，公司不仅可以让"低维"的竞争对手无从下手，还可以对其实施"降维打击"。

第三，创新是公司主动对竞争对手进行"降维打击"或被动面对竞争对手的"降维打击"的有效手段。在互联网时代，业务革新与技术创新是公司与竞争对手进行较量的主要力量源泉。每一次成功的"降维打击"都是建立在新的技术或业务上的。

在公司发展较为稳定的情况下，公司管理者应当对技术创新投入更多的时间和精力，特别是要加强互联网领域的业务布局。多领域构建业务布局将为公司铸就一个多维度保护平台，让公司在应对竞争对手的挑战时有更多的筹码。在未来，"降维打击"会成为一种推动公司发展的竞争性动力源泉。

第6章 品牌塑造：产品溢价的开始

品牌不仅代表了产品，还体现了产品溢价，如信用溢价。为什么很多国外品牌的产品，明明是"中国制造"，但从国外买回来价格却翻了十几倍，甚至几十倍？这就是品牌所带来的产品溢价。

6.1 官方网站：信任+专业+保障

出于地域等因素的限制，用户如果想更多地了解一个公司或品牌，其第一选择很可能是在互联网上搜索相关消息。又因为互联网信息海量性的特点，用户最先选择的了解途径往往是公司的官方网站。

基于用户的这个心理，很多公司自成立之初，就会想尽办法通过网络包装自己，打造自己的网络品牌。但实际上，这些公司大部分是互联网公司或知识型公司，很多传统公司依旧没有这方面的意识，或者不知道从何下手。

创业者应该如何包装、打造自己的官方网站？方法有很多种，但核心重点只有三个，如图 6-1 所示。

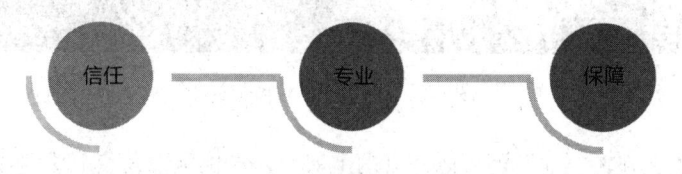

图 6-1 打造官方网站的核心重点

1. 信任

创业者可以在官网附上一些良好的用户反馈或实际案例,当用户看到实际的案例和真实的用户反馈之后,就会觉得公司比较可靠、可信。

除此之外,创业者还可以在网站上详细介绍公司,比如公司发展历程、主营业务、远景使命以及相应的公司新闻动态等,这将更加有助于提高用户对于公司的信任度。

提升网站信任度的基础就是认证,创业者可以在官网上加上一些有名的合作商名称、图标;还可以申请百度官网、360官网等平台认证。申请成功后,成功标志会在搜索结果的突出位置显示。用户点击该图标就能查看具体的公司认证信息,因而可信度更高。

2. 专业

要想展现公司的专业实力,创业者可以在网站上展示公司的证书和荣誉,如图 6-2 所示。

图 6-2 公司的证书和荣誉

除此之外,创业者还可以在官网上展现公司优势以及产品优势,凸显自己的专业性。这一方面能提升用户对公司的信任度,另一方面能扩大品牌的影响力，如图 6-3 所示。

打造官网时，创业者要从核心优势出发，多方面展示公司的专业度与实力。

图 6-3　公司优势

3. 保障

用户需要的不仅是优质的产品，还有与产品相关的保障。创业者要重视售后服务，承诺给予用户安心、无忧的售后服务。因此，创业者除了要在官网上展示自己的产品，还要做好售后服务。

创业者可以在官网上设立留言板块或创建表单。表单的形式有很多种，如调查类、投票类等。通过查看用户的意见反馈，创业者可以及时处理用户遇到的问题。

讲述人：周先生

单位：深圳某金融科技公司

职务：总经理

讲述要点：如何利用官网获得用户信任，实现业绩增长我的公司创建于 2015 年，最初的主要业务是金融服务。

第一年公司发展有些艰难，第二年发展相对平稳，规模以两三倍的速度增长，2018 年的增长速度提高到四五倍。虽然比不了其他金融科技公司动辄 10 倍、20 倍的增长速度，但公司也能稳步发展，有所盈利。

我从一开始就意识到，很多人对贷款服务抱有非常大的不信任。为改变这一局面，我请了专业团队为公司打造了官方网站，在网站上展示了公司目前的经营状况、财务报表，还在网站上规划了用于记录公司大事（比如参加的峰会，获得的奖项等）的专区。

除此之外，我还在网站上配置了人工客服，以及时为咨询的用户提供服务。

凭借这些，我们公司很平稳地度过了第一年的困难期，而后组建起属于自己的官网建设团队，用于维护和运营官网，并进行了搜索引擎优化（Search Engine Optimization，简称 SEO），每年都实现了业绩增长。

官方网站是公司的门户，是品牌的支撑力量。因此，创业者一定要注重官方网站的打造，抓住核心重点，实现品牌塑造。

6.2 媒体背书：权威＋多元化

现今媒体逐渐成为树立公司形象、打造品牌的重要资源。将品牌相关的内容发布在主流平台上，让更多的人看到，不仅能提升曝光度，也是打造品牌的关键手段。

创业者若想提升自己品牌的实力，最有效的方法之一就是让优质媒体为自己背书，借助媒体的光环效应，来成就自己的品牌。借助媒体为自己的品牌背书主要有两个优势，如图 6-4 所示。

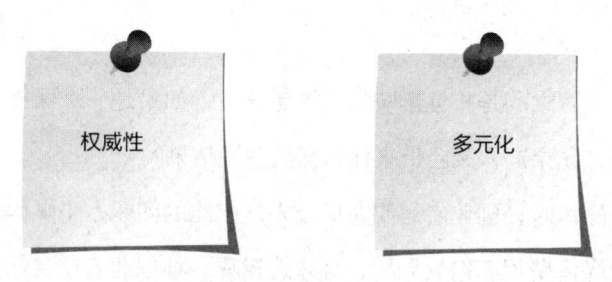

图 6-4　媒体背书的优势

1. 权威性

媒体具有非常强的权威性，它的影响力来源于媒体的放大功能。例如中央电视台，它第一媒体的地位在中国用户的意识中是根深蒂固的，在某种意义上它代表的就是真实。

因此，用户会认为能在中央电视台上播的广告，一定很可靠。所以如果公司能在央视上播放产品广告，那么，将会形成很强的品牌效应。

除央视外，同样具有背书效应的还有如湖南卫视、江苏卫视和浙江卫视等有优秀栏目支撑的卫视频道。

有强大的心理影响力的电视媒体可以给予用户无限的信赖感。

从公司的角度来看，这些电视媒体已经脱离了纯粹媒体的角色，具有双重角色和功能：一是能更大范围发布准确、有效的信息；二是能提供强大的背景力量。公司借助这些强有力的光环，给自己的品牌背书，能得到强大的背景力量的支持。

2. 多元化

多元化，既是渠道的多元化，也是内容的多元化。在个性化凸显的时代，背书效应不再局限于光环，还带来了标签。

安慕希冠名《奔跑吧，兄弟》，就是利用电视节目本身所具有的积极向上的运动气质，吸引年轻受众，同时利用明星的偶像效应推动品牌的塑造，达到双赢。

媒体与品牌之间是相互影响的。试想一下，如果是一个保健产品品牌冠名《奔跑吧，兄弟》，又会带来什么样的营销结果？

在选择媒体时，创业者需要考虑投入产出比的问题，小媒体费用少但效果一般，大媒体费用高但效果好，具体选择哪一种创业者需要仔细权衡再做决定。但就影响力与权威性而言，在小媒体上传播很多次也比不上大媒体上的一次深度报道。

不同行业选择的媒体也要有所不同，就互联网行业而言，科技类媒体才能最大限度地发挥对品牌影响力的提升作用。

科技类媒体的影响力与权威性可以分为三个层级，如图 6-5 所示。

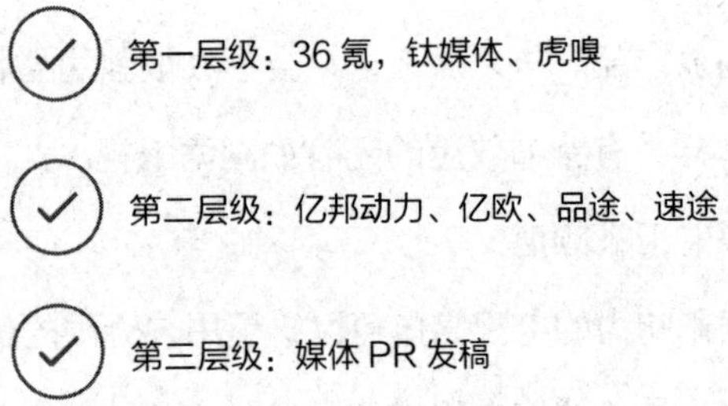

- ✓ 第一层级：36 氪、钛媒体、虎嗅

- ✓ 第二层级：亿邦动力、亿欧、品途、速途

- ✓ 第三层级：媒体 PR 发稿

图 6-5　科技类媒体的影响力与权威性

第一层级：36 氪、钛媒体、虎嗅

这三家媒体是科技媒体界的巨头，影响力非常大，具有强推力。但一般情况下，这三家媒体为保证平台的专业性，不会在内容方面与创业者进行商业合作。

第二层级：亿邦动力、亿欧、品途、速途

这些媒体的流量不低于第一层级媒体，只是内容纯度上略逊一筹，但也具有一定的专业性和权威性。相对于第一层级媒体，和这些媒体合作较为灵活，创业者可以选择年度打包合作，这样这些媒体会提供一些专项服务，性价比较高，服务的针对性更强。

第三层级：媒体 PR（Public Relations，公共关系）发稿

在这一层级，创业者可以掌握发稿的主动权，公司可以自己编撰软文在知名平台上发布。

互联网或科技型公司在选择媒体渠道时，要综合考虑这三个层级的媒体。第一层级媒体的影响力和权威性较高，可以作为重点投放。第二层级媒体受众面广，可以当作传播助推，配合第一层级媒体扩大传播面。第三层级 PR 发稿可以多角度深度解读公司，在公司获得关注后，用户可以通过搜索相关稿件更详尽地了解公司。

6.3　低成本曝光：利用新媒体

很多大公司投入了大量资金，通过明星代言、广告投放、媒体文章发布等方法进行宣传和营销，但是效果却不明显。由于资金不够充裕，小公司的创业者要将每一分钱都花在刀刃上，将试错成本降到最低。

在互联网时代，新媒体是实现低成本曝光传播的首选渠道。新媒体具有交互性与及时性，海量性与共享性，多媒体与超文本，个性化与社群化的特点。

成长期的小公司没办法调动大的流量，因此可以选择与其他小公司联合展开活动。创业者可以利用官方微博、微信公众号、抖音等时下流行的渠道，根据产品情况，结合时下热点，选择与用户匹配性较高，并且能互补的商家联动，设置吸引人的礼品，开展线上或线下活动。

例如，创业者可以以朋友圈作为宣传途径，借由微信好友扩散，这是最

基础、最普遍且较为简单的曝光宣传的方法，不仅成本低廉，也会有一定效果。

接下来再介绍几种借助新媒体获得更大曝光度的方法，如图 6-6 所示。

借助第三方技术让利用户

征集用户免费试用

"抱大腿"式宣传

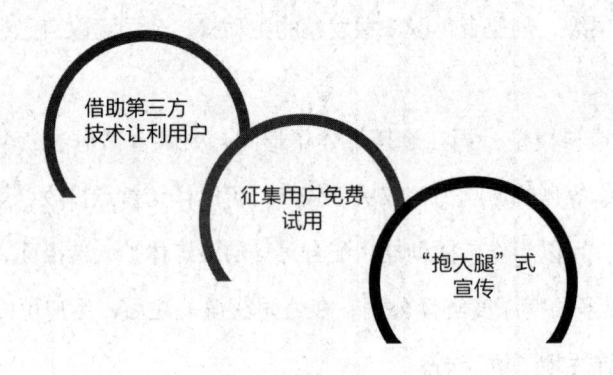

图 6-6　借助新媒体获得更大曝光度的方法

1. 借助第三方技术让利用户

这种曝光方法类似拼多多的社交策略。例如可借助任务宝、积分宝等第三方涨粉工具，用户每邀请规定数量的粉丝关注，就可以免费获得公司所赠礼品。

较多运用这种方式的是知识行业。制作一门课程的成本较低，而且一个录播课程可以分享给很多人。用户只要给规定人数分享课程，即可免费获得课程。

讲述人：秦女士

单位：某培训公司

职务：CEO

讲述要点：用引流工具做营销

在资源与名声方面，个人培训师很难和培训机构相比，而且一般培训机构都有自己开发的线上平台。为了引流，我选择了几种工具。

邀请码、优惠券、拼团、裂变海报等各种引流工具，可以让我充分利用身边的资源，搭建小型社群，做好营销和引流。

例如好友助力功能，用户将链接发送给好友，好友点进链接支持，达到一定支持数量用户即可免费获得课程，同时好友也可发起自己的链接。

为了有更高的曝光量，我还与相关微信公众号合作，不仅能更精准地向潜在用户投放广告，还能在公众号推荐的加持下提高可信度。例如，日语课程优惠活动可以发布在分享日语资讯的公众号上，并给公众号粉丝一定特殊优惠，以提高吸引力。

2. 征集用户免费试用

产品的价值主要体现在用户身上，用户觉得好，口碑自然能传播出去。在公司新成立不为大众所知时，为了提高知名度、提升品牌影响力，创业者可以征集用户的故事，让用户来为产品做代言。

讲述人：金先生

单位：某工艺品公司

职务：负责人

讲述要点：如何征集用户免费试用产品

推出新产品之际，我们在微信公众号、官方微博、贴吧及店内等线上线下平台发布了免费体验活动，并设置了多重门槛，以寻找与产品最契合的一批人来免费体验新品。他们在体验产品后，要给予产品反馈并讲述自身体验故事。

我们最终征集了50名用户，为了方便他们抒发自己的感受，我们提供了文章模板、案例格式供他们参考。最后我们将征集的故事整理发表在了各个平台上。

由于这些故事是用户亲身体验，感染力很强，再加上征集用户时已经吸引了一部分人，我们的新产品一经推出就大受好评。

3."抱大腿"式宣传

"抱大腿"不是让创业者捏造不存在的事实，而是适当地做一次"标题党"，在标题中借助知名品牌进行"抱大腿"式宣传，来引起用户的关注，提高自己品牌的曝光率。

例如，一篇文章的题目是《这家公司的服务态度太好了，每个体验过的用户都感动到哭！》，这样的标题吸引力不是很大，但如果改成《比海底捞更爽的服务，每个体验过的用户都感动到哭！》，那么点进来看的人就会很多。因为大家都知道海底捞的服务有多好，比海底捞更好的服务自然能引起用户的兴趣。

《俞敏洪校长亲自点赞，孩子成长必备七个方法论》《它居然比 Siri 还能干？拼智能是我输了》等标题都采用了"抱大腿"式的宣传方法。如果创业者对自己的产品有信心，并且明确自己产品的优势所在，就可以直接关联行业标杆，让用户知道你的产品并不逊色。

获得曝光宣传只是第一步，最重要的还是优化产品本身。要记住，用户就是最好的营销资源，将产品做到最好，将用户服务好，口碑自然就有了。

6.4　行业大咖背书：增加可信度

行业大咖具有普通人没有的权威性和专业性，这种权威性和专业性能增加品牌的可信度，使品牌更让人信服。

创业者寻找行业专家，利用其专业形象给自己的品牌背书可以赢得用户信任。但专家有不同级别及类别，公司需按品牌实际情况选择合适的行业专家。佳洁士牙膏就经常使用专家权威来巩固用户的信任感，如图 6-7 所示。

图 6-7 佳洁士牙膏

行业大咖为品牌背书可以增加品牌的可信度与说服力，提升品牌购买力，然而创业者还应注意以下几个方面。

第一，行业大咖是依靠其专业性取胜的，因此，行业大咖的说辞必须有专业性。

第二，行业大咖背书应搭配理性诉求方式，配合行业大咖的严谨、内行的特征。

第三，创业者可以借助多个行业大咖为自己的品牌背书，共同形成行业大咖背书效应。

第四，行业大咖要与品牌特性具有高匹配性。

行业大咖的权威性与媒体的权威性不相上下，公司在选择行业大咖时同样要谨慎，以免选到不合适的人，带来反作用。

6.5 创始人站台：提高品牌辨识度

无论是传播品牌，还是宣传产品，都需要一个庞大的纵深体系。创业者需要花很多的时间和精力,来构建一个全新的体系和风格,用于和目标群体沟通。

品牌对用户来说,实际上只是一个抽象符号,无法形成一个有血有肉的画像。但品牌或多或少都会打上创始人的烙印,包括他的思想、性格和作风等。

同类的产品有很多,但创始人却是唯一的,唯一性是增加品牌辨识度最好的方法。创始人、品牌、公众的三方互动很容易掀起舆论的高潮。很多人说,离了品牌的传播都是空谈,但是没有创始人,连品牌都不会存在。

为什么创始人站台对公司品牌如此重要?我们从以下几个方面展开讨论,如图 6-8 所示。

```
对公司品牌的重要性 ── 创始人是公司品牌的缔造者和传播者
创始人站台      ── 创始人形象为公司品牌贡献"温度"
```

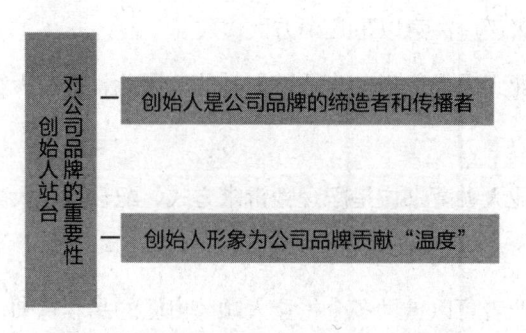

图 6-8 创始人站台对公司品牌的重要性

1. 创始人是公司品牌的缔造者和传播者

国际知名公司中,不少公司是因创始人的个人品牌而出名的,比如福特、迪士尼、松下等。这些品牌既是创始人的姓氏,又代表了他们的产品,还是公司的 IP(Intellectual Property,直译为"知识产权",现多指具有一定知名度和吸引力的高品质文化产品。——编者注)标识。

无论是谷歌、苹果,还是阿里巴巴、华为,它们的创始人都是商界中的创业明星,拥有超高的关注度。这些创始人借助粉丝效应来构建个人影响力，传播自己的个人 IP 与商业认知，为自己的公司和产品加持，塑造公司品牌。

2. 创始人形象为公司品牌贡献"温度"

一般情况下，相比打造产品品牌，打造创始人个人品牌会更容易一些。因为个人品牌相对更感性些，更加形象、立体。一个公司无论通过何种方式构建品牌形象，都比不上一个活生生的人站在用户面前真实。

所以，从品牌形象构建这个维度上来说，围绕创始人打造品牌更具辨识度，也更有效果。

提起国产手机，很多人都会想到小米，想到"为发烧而生"的宣传语，想到雷军。小米作为国产手机的知名品牌，"黑"它的人一直不少，但雷军作为创始人却少有"黑点"。

这不仅仅因为雷军是国产手机行业的先锋人物，还因为外界对他个人精神的认可。雷军身上带有的褒义标签"创新""勤奋"附有强烈的个人色彩，使小米自带光环。

雷军本身就是一个手机发烧友，他曾在微博上展示的手机就有上百款之多。小米成立后，雷军仅在 2016 年一年就使用了 14 款小米手机，亲自担任小米内部的第一测试员。

在小米创立之初，雷军就给自己贴上了"发烧友"的标签，以此与这一群体站队，宣告小米就是要提供极具性价比的产品，如图 6-9 所示。

因此，现在用户一提到性价比高的手机，首先想到的大多是小米。

雷军将"让用户尖叫"作为打造产品的第一准则，如果产品配置不能让用户尖叫，那么其价格就一定要让用户尖叫。

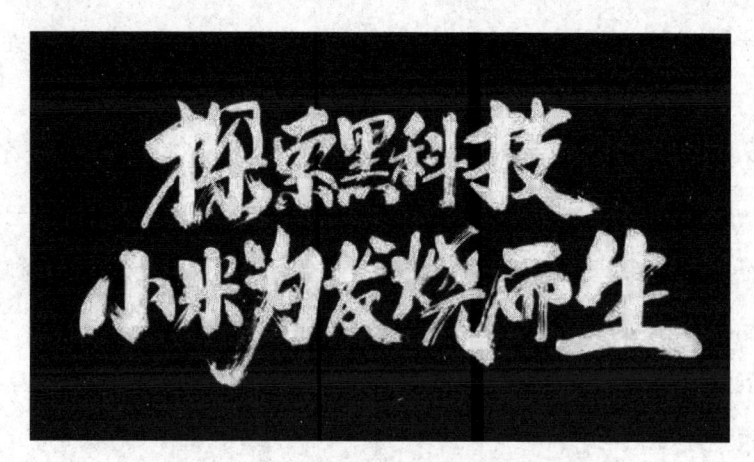

图 6-9 小米"为发烧而生"

红米手机发布前,其配置参数被提前曝光,市场预期价格是 999 元,最终发布的价格仅为 799 元,一经上市红米手机就长期处于供不应求的状态。这就是雷军为小米这个品牌设置的特征。

然而,在为品牌站台时,创始人要注意尽量不要采用个人硬广的方式推出品牌。即便公司的创始人非常有名,他在推荐公司产品、品牌时,也要尽可能采用软植入的方式,或不显刻意地在一些场合将自己与品牌关联在一起。生硬地推荐自己的品牌,只会引起用户的反感。

打造品牌的核心就是要提高辨识度,而创始人的标签化形象能为公司产品、品牌带来高辨识度。

6.6 延迟发声:学会低调

俗话说:"早起的鸟儿有虫吃。"这句话在商业界也经常被运用。市场竞争讲究先发制人、先声夺人,但是这种先发制人的战略只适合已经发展成熟的大公司,并不适合处在初创阶段的小公司。

第6章 品牌塑造：产品溢价的开始

创业者在创业初期对自己的产品都自信满满，认为产品只要进入市场，就一定会有很好的成绩。但是创业者还要知道，创业容易守业难，在市场中长期保持占有率很难。

讲述人：乔先生

单位：北京某数字科技公司

职务：CEO

讲述要点：创业公司要学会低调

虽然我国出台了一系列保护知识产权的法律法规，但抄袭现象仍然存在。

我们也遇到过被抄袭的情况。例如我们去年上线了一款行业风险预警产品，也是行业内首创产品。结果产品刚上线一周，市场中就出现了同类的山寨产品。

对于创业公司来说，产品，尤其是新产品在什么时候发力宣传是很重要的事。如果某些巨头公司觉得你的产品创意好，那么它们研发出类似的产品，将你的产品取代是轻而易举的事。

我们最近跟行业内某知名签证公司签署了合作协议，准备联合推出一个签证信用体系平台，通过信用评估的方式判断申请人的签证是否可以送签。对诸如日本、韩国等出现滞留情况较多的出境国家，在送签之前，我们会在获得申请人授权的情况下对申请人的信用状况进行一系列判断，比如判断他的履约记录是否良好、是否出现过出境后滞留的情况等。

话题一出，巨头们马上出来跟一些签证中心，包括我们签约的签证公司进行交涉，提出只要不跟我们合作，就可以马上对项目进行投资，开出的条件令对方很难拒绝。

因此，创业公司打算对外宣传新产品时一定要谨慎，一旦这些巨头公司觉得产品的创意可行，它们并不一定会投资你的公司，而是直接自己去做。

如果你已经做到一定规模，它们觉得进入这个行业的门槛很高，那么它们可能会通过全资收购或者投资，直接接手你的业务。

初创阶段任何好的想法，千万别大肆宣扬，要低调地去做，做到一定规模再发声，这一点十分关键。创业者要把握好发展节奏，不要急着对外宣扬，当你建立起竞争壁垒，有把握的时候才可以进行大规模的市场宣传。

受到大公司打压的小公司还有很多，因此聪明的创业者应该学会低调，以此减少公司的压力，使公司能有更多的发展空间。创业者要学习创业初期的全美达和松下，韬光养晦，低调做事，在确定自己的产品已经达到了一定市场规模，具有强大的竞争力后再发声。

延迟发声并不是胆小怕事，而是创业公司的生存技巧。

6.7 堵不如疏：妥善应对舆情

这是一个信息爆炸的新时代，人们每天从网上接收各种各样的信息，一旦某个信息引发了人们的共情或击中了人们的痛点，它就会迅速飙升为热点，传遍千家万户，成为人们茶余饭后的谈资。

互联网促进了信息传播的变革，创业者应端正对网络舆情的态度，与时俱进，重视社交媒体并主动培养应对舆情的能力。

首先，创业者需要正视信息在网络上的传播速度和网友"百花齐放"的言论的舆论效应。

其次，创业者要对负面新闻贯彻"堵不如疏"的策略。随着舆论平台的多元化，通过主观控制来单方面封锁消息是不现实的。

在创业初期，由于创业者经验的匮乏，无论是产品，还是服务，都难免出现漏洞。对公司而言，这些漏洞正是公司需要改进的地方。对于外部的负面新闻，创业者应采取以下几种比较科学的应对策略。

1. 在调查清楚之前不要轻易回应

面对公司的负面新闻，创业者肯定会焦虑，这样的心态下，创业者是不能做出冷静的回应的。公关需要一击制敌，如果没有了解情况就急忙发出声明，一旦情况出现反转，就会进一步损毁公司的形象。

2. 确定利益相关者

对于负面新闻，很多网友仅是围观或趁机发泄，而真正的利益相关方只有一小部分人。确定最直接的利益相关者，并与之进行有效沟通，合理运用社交媒体，便能将危机转化为机遇。

3. 找准应对的方式

为了解决问题，创业者要确认负面新闻的规模与对公司的影响程度。如果负面新闻只在少数人中传播，那么创业者可以亲自上门慰问，来挽回口碑，改善公司形象。如果负面新闻已经成为媒体的焦点，作为热门话题在大街小巷中被人们热议，那么创业者就要通过发布官方盖章的声明等方式表明自己的态度、立场，以尽快平息舆论。

4. 公司内部对外发声要一致

在明确表态的具体方式后，公司内部要确保大众听到的是一个声音。内部要推选出公开发言人，并且要统一口径，切忌在私下以别的身份透露不同的想法。

5. 事后要反思改正

消息时效一过就会被人们慢慢遗忘，但是对公司来说，不论结局是好是坏，问题都的确出现了。创业者后续一定要深刻反思问题出现的原因，寻找从根本上解决问题的方案，总结这次解决的过程中可以优化的地方，面对以后可能发生的问题，还要提前做出预案。

某公司的微博运营则是典型的反面案例。

某公司在官博发布了一条抽奖微博，奖品是机械键盘，抽奖内容写着"转发抽4个男孩送"。评论区有人质疑道："女孩不配玩游戏？"由此引发了一场网络舆论大战。

官博先回复了这条评论："我问您哪句话总结出的这个意思？"，然后置顶该评论，任由粉丝用各种辱骂性的词汇在这条评论下回复了几千条。

然后官博又发布了一条抽奖微博，内容为"抽几个小仙女送面霜、口红等奖品"。

理智来看，被质疑的抽奖文案有问题吗？问题不大，毕竟男生爱玩游戏是很多人的刻板印象。但评论的人是在挑事吗？也不一定。作为购买了该公司键盘的女生，她只是提出质疑的方式不够委婉，但同时也道出了公司产品的潜在市场。

这场大战的矛盾点在于官方的后续处理方式。

一家公司的官方微博，代表的是整个公司的形象，不应该受个人的情绪影响。但是该公司官博的表现是非常任性且不理智的，不论是将女性评论置顶引导粉丝谩骂，还是对评论的情绪化、低情商的回应，都非常损害品牌形象。

令人匪夷所思的是，该公司领导认为官博所做的并没有什么问题，将这件事上热搜引起关注看作好事并提出给官博运营者奖金。最终，该公司彻底失去了扭转舆论的机会，也丢失了潜在市场。

其实官博只需在最开始友好回复评论，并弥补自己的潜意识漏洞，就能轻松留住这些用户，开拓新的粉丝群体，更可以借机推出新的宣传活动。再退一步，官博哪怕不做回复也不会有什么损失，零星的意见会埋没到数量众多的评论中，但是官博却选择了最差的一种解决方式。

从结果上来说，这次舆论大战的确为该公司带来了热度及流量，也有很多人发声支持该公司。但支持该公司的人数多少并不重要，人群细分的类别才是重要的。

沉浸在免费做了宣传的喜悦中，所造成的后果就是，该公司只能巩固这些支持自己的老用户，很难再拓展新用户了。

因此，创业公司在遇到负面新闻不要着急封锁，保持公开透明、积极回应的态度，会引发大众的好感，并展现公司敢于担当的形象。

在舆论方面，也要注意保持正面、理智的形象。树立个性化的官博形象是可以的，但是不能暴露官博运营者私人的态度、观点、喜恶等。

创业者以积极的态度去面对网络上的舆情，并适当加以引导，可以打造公司对外的形象。

第 7 章　克隆参照物：创业公司成长捷径

克隆参照物是公司起步的基础。许多创业项目在初始阶段都在模仿行业中已有的产品，在没有基础的情况下一味地创新，成功的概率其实很小。创业者想要最终在市场上获得成功，一定要基于一个成熟的理论或者运作模式，否则很容易失败。

创业者在建立公司之前可以先找一个参照物，比如行业内成功的公司或者上市公司，模仿其运作模式，以此来让自己的公司快速步入轨道。

7.1　BAT 是创业者的参照物

BAT 是百度、阿里巴巴、腾讯这三大互联网公司的首字母缩写。在中国互联网发展的这些年，BAT 已经形成了三足鼎立的格局，基本掌握着中国的信息型数据、交易型数据以及关系型数据，现在依然在不断兼并后起的创业公司。

2000 年，李彦宏在中关村创建了百度公司，目前百度已经成为全球最大的中文搜索引擎。百度拥有数万名研发工程师，拥有高质量的技术团队，掌握着先进的搜索引擎技术。

1999 年，马云在杭州创立了阿里巴巴。目前，阿里巴巴是全球最大的零售交易平台，阿里巴巴通过互联网让零售行业小公司扩展业务，参与国内乃至全球市场竞争。

腾讯是中国最大的互联网综合服务提供商之一，1998 年由马化腾、张志东、许晨晔、陈一丹、曾李青在深圳创立。腾讯作为社交网络平台、游戏平台、门户网站，为用户提供社交、通信等服务。

国内许多互联网创业公司身上都有 BAT 的影子，因为这三家公司已经可以算是国内互联网行业的顶点，它们的运作模式是经过时间检验并已经成功的，所以这三家公司对于刚起步的创业公司来说是很好的参照物。通过克隆这些成熟的模式，创业公司能更好地适应市场、平稳着陆，以推进下一个阶段的发展。

7.2 克隆四步走：寻找、观察、选择、出击

许多成功的公司也是靠克隆其他公司成熟的模式起步的，例如，美团模仿了国外的商业模式，连环创业；德国的桑威尔兄弟更是将热门互联网项目都模仿了一遍，最终取得了成功。

克隆不仅是互联网公司的专利，对一些非互联网行业的创业者来说，克隆也是可行的。在克隆过程中，选择合适的参照物，对创业者来说非常重要。克隆要分四步走，分别是寻找、观察、选择、出击，如图 7-1 所示。

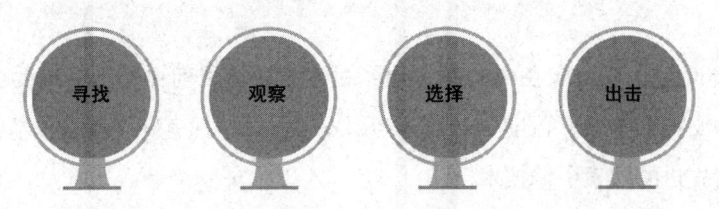

图 7-1 克隆四步走

1. 寻找

寻找即寻找目标行业以及目标公司，这是一个确定大致创业范围的过程。创业者需要先划定一个大致的范围，然后在这个范围中寻找可克隆的目

标。这个范围可以是一款产品、一个行业或一个地区。

选择克隆参照物是一个做减法的过程，创业者要先在众多产品和市场中选择一个大目标，然后再将范围逐步缩小到几家公司或一家公司。

2. 观察

确定了行业范围后，一般会有多个目标可供创业者选择。这些目标都是行业中的翘楚，也都在其领域内获得了较大的成功，创业者要仔细观察这些公司，比较哪一种模式更适合自己。

例如快餐行业的麦当劳和肯德基，如果创业者想要加盟这样的店，不仅需要负担高昂的加盟费用，而且加盟渠道也比较单一。但它们对于想要进入快餐行业的创业者来说是非常合适的参照物，所以创业者完全可以克隆它们的经营模式开一家自己的快餐店。

从装修、菜单、流程，到服务，创业者都可以以它们为样本进行模仿，再结合自己的资源，开发一些新品，这样会比从一开始就盲目摸索成功率大得多。

这种方法需要创业者进行实地考察，例如实地考察装修风格、体验服务和品尝菜单上的产品等。这类观察需要很长一段时间，创业者要对目标的每家公司都进行细致的观察，比对各自的优劣，再进行选择。

3. 选择

确立了几个大致的目标后，创业者需要对具体参照物进行选择。如何选择参照物？是选择大公司还是小公司？选择上市公司的运营模式就一定会成功吗？这些对于创业者来说都是问题。

某网站初创时模仿领英，目标是做中国最大的商务社交网站。然而，该网站在建立后却一直没有多少用户，其中一个原因是国内用户认为六度交友的人际关系理论纯属纸上谈兵，在实际生活中对自己并没有帮助。

该网站的创业者忽略了一个问题：美国人在商务社交中比较看重个人的

履历和能力，这也是领英能在美国崛起的原因。而中国人的商务社交模式则有所不同，如果人们可以通过亲朋好友获得工作，那很可能不会在这类网站寻找资源，这是该网站在国内市场失败的原因之一。

这个案例虽然以失败告终，却体现出了克隆最重要的一点，即参照物的适配性。该网站的失败是因其不顾国情，一味地模仿领英的运营模式和理念。所以在选择参照物的过程中，创业者不顾及客观情况，一味地模仿成熟、先进的运营模式和理念，反而可能把公司带到不适合的发展方向上。

因此，创业者在寻找克隆参照物时，要首选自己确信能做的、模式简单且易复制的项目。这种项目既经过了市场的检验，也没有太高的克隆壁垒，是最具性价比的克隆参照物。

4. 出击

选好合适的参照物后，创业者就不要再观望了，必须马上投入实践。要知道很多创新，也是来源于复制，而实践则是检验创新的唯一方法。

德克士在初创时期也模仿了麦当劳、肯德基的运营模式，并在模仿的过程中适当地融入了一些自己的特色，最终发展壮大，成为知名快餐品牌。

有些创业者觉得别人创业很容易，而自己创业却很难，那是因为他与其他创业者相比，缺了一份坚持。寻找参照物只是创业的第一步，坚持才是贯穿创业始终的主旋律。

7.3 区隔策略：能战则战，不战则退

模仿成熟的公司进行创业，就要做好与其正面竞争的准备。如何让自己的公司在正面竞争中不被淘汰，走稳创业的第一步，是困扰所有创业者的问题。

事实上，创业者是完全可以避免这种正面竞争的。例如橘生淮北则为枳，是指淮南的橘树移植到淮北就只能结出枳。但这也恰巧说明，淮南的橘子市场竞争激烈，而淮北的市场却是空白的。创业者在淮南种出橘子，再将橘子拿到淮北销售，避免了和其他橘子种植者的正面竞争，这就是所谓的区隔策略。

区隔策略是一种战略性撤退，根据所选参照物的强弱，创业者可以选择与目标公司强势竞争或采用区隔策略避开竞争。区隔策略分以下四种类型，如图 7-2 所示。

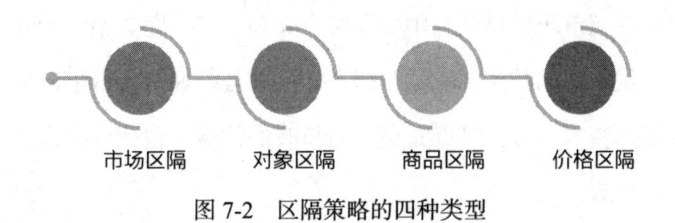

图 7-2　区隔策略的四种类型

1. 市场区隔

市场区隔即选择不同市场区域，不在竞争对手的主要市场与其抗衡。例如竞争对手在市区，创业者可以选择在郊区；竞争对手在一线城市，创业者可以选择在二、三线城市。

2. 对象区隔

对象区隔即选择不同的目标用户，创业者的产品和服务不针对竞争对手的产品和服务的消费群体。例如创办儿童英语补习班，竞争对手针对一般家庭的儿童，创业者则可以针对高收入家庭的儿童，为其提供更高品质的服务和教学。

3. 商品区隔

商品区隔即选择不同类型的商品，不和竞争对手销售同一种商品。例如在共享单车市场，推出共享助力车，以更快捷、省力为商品特点，突出商品定位的独特性。

4. 价格区隔

价格区隔即选择与竞争对手价格不同的商品。例如普通西餐厅的牛排价格都是比较昂贵的，对此创业者可以采用销售平价牛排的策略，也能吸引到许多尝鲜的用户。

区隔策略的初始目标是避开竞争，终极目标是实现差异化，打造创业者自己的品牌，使创业者的公司从复制过渡到创新。

科特勒在《市场营销学》中将品牌定义为："品牌是销售者向购买者长期提供的一组特定的特点、利益与服务。品牌是给拥有者带来溢价、产生增值的一种无形资产。"品牌即是创业者特有的优势，包括地区优势、产品优势和价格优势等。

利用区隔策略实现差异化，最直接的方法就是强调个性消费。现今市场的消费群体中有很多人是"80后""90后"，他们注重消费体验，喜爱个性和定制。因此创业者在制定营销策略时，不能只强调理性，还要注重个体的情感。

差异化不是一种战略，而是一种思考方式，差异化来自创业者对市场和目标用户人群的充分观察。成功的差异化思维会赋予产品更多机会，使其在市场上更有竞争力。有五种方法可以帮助创业者实现产品的差异化，如图7-3所示。

1. 逆向操作

克隆最明显的一个缺点就是模式的僵化，创业者大多会通过改善缺点来寻找产品的差异化定位。实际上，这样并不能使自己的产品实现差异化，只会导致竞争趋同，与竞争对手越走越近。

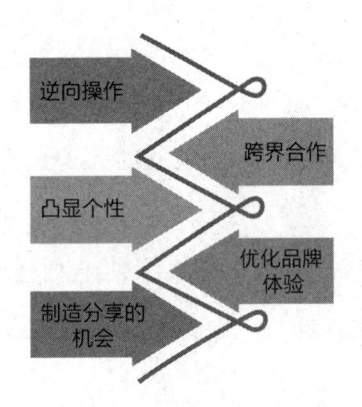

图 7-3 实现产品差异化的方法

对此，创业者可以逆向操作，即以强化优点的方式来实现差异化。这是利用了少即多的策略，即重点强化产品中占比较小的优势部分，将其放大到极致，来与其他同类产品产生差异。

小米在刚起步时，智能手机市场份额占比最大的是苹果，然而小米并没有在性能上与苹果较长短，而是放大了自己性价比高这一优势，开拓出了一条新的道路。

2. 跨界合作

寻找差异化除了要在质量和价格上下功夫，创业者还可以在外形特点上下功夫。对此跨界合作就是一个好办法。产品与电影、游戏等合作，推出特别定制款，自然会吸引许多粉丝购买，形成粉丝效应。

例如相宜本草在"三八节"携手颐和园推出的限量版"娘娘的秘钥"礼盒，就是美妆与文化的跨界合作。此外还有大白兔奶糖和气味图书馆联手推出的大白兔香水等。将两种看似毫无关系的产品结合，开发出的新产品虽然功能上没有太大改变，但是却给了用户双倍的体验感，久而久之，产品就形成了差异化的竞争优势。

3. 凸显个性

个性指的是产品的标签。同样的产品，同样的运作模式，附带的标签不同，自然就形成了差异。市场区域、目标受众、品牌定位等都可以成为标签。

例如，云南白药牙膏在进入市场时，将自己定位为药物牙膏，主要针对口腔溃疡、牙龈肿痛的人群。产品一经推出，立刻受到了口腔疾病患者的喜爱。

凸显个性即避开自己的弱势领域，主攻强势领域，这是从克隆到创新的必经之路。

4. 优化品牌体验

品牌体验指的是从购买到使用完成的一系列体验。创业者要在用户正式接触产品前，就与用户充分互动，使用户逐渐亲近品牌。

从各个环节优化品牌体验，用户会对愉悦的体验感终生难忘，自然就会成为回头客，而这种优质的服务体验也将成为此产品与其他产品的差异。

5. 制造分享的机会

分享是新生代的消费方式，深受年轻人喜爱。通过用户的分享，创业者可以快速打响品牌知名度。分享需要注意两点：一是分享的内容有效，即内容最好都来自用户的真实体验；二是传播渠道快捷，即创业者要使用方便用户传播的渠道。

创业者可以利用产品聚合平台，例如大众点评、携程网等，给用户制造分享机会。用户的分享是初创公司产品在用户中树立口碑的好方法，也是快速打开市场的好方法。

7.4 瞄准垂直领域，弯道超车

在当今激烈的市场竞争中，怎样使产品在同类产品中力争上游、崭露头角，是每一个创业者都在考虑的问题。为了能够更好地发挥自身特色，创业者可以从垂直领域入手，打造更专业、精细的品牌。

垂直领域是相对于大市场而言，按不同类别划分出的小市场。垂直是指专注于某个细分的行业或领域，如健康、汽车、美妆、体育和情感等。这些行业或领域之下又有许多更小的行业或领域，例如汽车行业下的汽车美容，健康领域下的养生保健等。

由于垂直领域是对行业的细分，所以创业者在运营和推广上需要特别注重精细化。垂直市场和大众市场具体有以下四种主要区别，如图7-4所示。

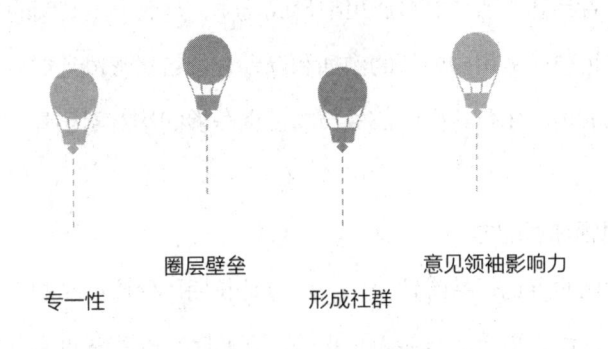

图 7-4 垂直市场和大众市场的主要区别

1. 专一性

如果把大众市场比作百货商店，那么垂直市场就是专卖店。垂直行业专注于细分一个领域或者一个行业。垂直品牌不追求大而全，而是追求小而精。在垂直领域内，创业者能够最大限度地实现产品的专业化、精细化和权威化。

另外，垂直市场的用户也具有专一性，他们被品牌吸引，是因为他们刚好有相关的消费需求，所以每个垂直品牌都拥有一个特定的消费群体。

2. 圈层壁垒

大众市场面向所有消费群体，但垂直市场对消费人群有一定的筛选。为了快速筛选出目标用户，很多垂直品牌会设置一定的文化壁垒，只让特定的人进入，过滤掉临时试用的用户。特定的人对行业有兴趣、有了解、有需求，能快速融入这个垂直圈层。

创业者可以通过隐形手段来设置圈层壁垒，也可以直接设置门槛。无论用哪种方式，圈层壁垒都需要借助目标用户的共同经验来维护。

3. 形成社群

因为垂直领域存在圈层壁垒，其内部的用户会更有归属感。久而久之，对于这一垂直品牌的认可能够让用户形成习惯，从而产生高频的互动。

品牌与用户或者用户内部的沟通和互动，会自然形成社群。社群的氛围影响着内部成员的体验，而内部成员的反馈能够间接对圈层外的潜在用户产生影响。

4. 意见领袖影响力

垂直领域的意见领袖比较少，一般都是长期使用该产品的人，所以这些意见领袖的话语权更大，号召力也更强。开始时，这些意见领袖在社群中和其他人一样，后来他们通过高强度的互动和分享凝聚了一定的人气，从而有了更强的说服力。创业者可以利用这种说服力，和知名的意见领袖合作，来提升产品销量。

哔哩哔哩弹幕视频网（简称B站）就是垂直领域中的佼佼者，它的定位是国内最大的二次元弹幕网站，用户以出生于1990－2009年的年轻人居多。另外，用户在观看视频时随时能发弹幕，互动的空间非常大，因此形成了B站特有的二次元社区文化。

B站的用户起初绝大多数都只是观众，后来有一部分观众也成了创作者，这样保证了B站内有源源不断的新内容产生。久而久之，这些长期生产内容的创作者们就成了意见领袖，在B站有着极高的人气和号召力，进一步为B站带来了巨大的流量。

创业者想要打造出在垂直领域的优势，应该怎么做？具体有以下四种方法，如图7-5所示。

1. 实力为本

2. 在圈层内建立壁垒

3. 重视意见领袖的影响力，精细运营

4. 形成品牌仪式感，打造独特的圈层文化

图7-5 打造在垂直领域的优势的方法

1. 实力为本

产品是打响品牌知名度的基础，产品实力跟不上，任何方法都是镜花水月。创作者只有提供优质的产品和服务，才能够积累用户，占据市场。在垂直市场，竞争虽然不似大众市场激烈，但会更具深度，创业者只有将产品的专业性、多样性和便捷性做到极致，才能让用户认同。

B站并不是国内弹幕网站的先行者，但它凭借较好的内容品质和服务体验，最终超越A站（ACFUN弹幕视频网），成了行业的领头羊。所以，创业者想要将产品定位在垂直领域，必须有优质的产品作为基础和保障。

2. 在圈层内建立壁垒

构建圈层壁垒，既能保证圈层内用户的纯粹，也能巩固圈层存在的基

础。目标用户通过壁垒进入圈层后获得权限，会产生优越感，得到价值和身份上的认同。

3. 重视意见领袖的影响力，精细运营

垂直领域中意见领袖的影响力，在某种程度上可以超越硬性广告。在大众市场中，品牌对产品的宣传会有很大作用，但对于早期的垂直品牌来说，意见领袖的影响力对产品宣传则更为重要。

B站很多早期创作者都是从A站转移到B站的，这就直接导致了A站的大量用户也追随这些创作者转移到了B站，B站由此获得了第一批用户。

此后，这些创作者依然在源源不断地为B站吸引大批新用户。由此可见，意见领袖对于早期的垂直品牌具有重大意义，引入行业明星，借业界大V造势，更容易吸引用户。

4. 形成品牌仪式感，打造独特的圈层文化

所谓品牌仪式感就是通过一定的符号或形象，打造包含品牌价值的仪式，让用户对品牌产生深刻的印象。

当创业者在激烈的市场竞争中一筹莫展时，不妨尝试瞄准垂直领域，这样不但能节约成本，还能打造一个独一无二的品牌。

7.5 实施克隆要考虑实际环境

克隆参照物是一条创业捷径，但创业者也不能不考虑实际环境盲目克隆。即便是管理模式、产品和服务都相似的公司，其自身的问题也不一样。如果生搬硬套其他公司的制度、模式，公司很难长远地发展下去。

很多创业者都在学习阿里巴巴、华为的管理模式，但是阿里巴巴已创立二十多年，而大部分创业者的公司成立时长只有一两年，有的甚至不到一年。所以这种大公司的模式，未必适合所有的创业公司。例如阿里巴巴的合伙人制度，创业者只学了"皮毛"就照搬到自己的公司，最后就会导致模式的僵化。

当然，阿里巴巴作为一家知名公司，一定有值得创业者学习的地方，例如阿里巴巴的培训、考核以及淘汰机制就能直接用于创业公司。

在克隆过程中，创业者不仅要注意公司自身的状况，还要注意外部环境，如市场、政策以及经济大环境等。阿里巴巴的模式在 1999 年可以获得成功，但同样的模式在现在未必会有同样的效果。

目前国家鼓励创业，对创业者来说有一个稳定的政策环境，但在社会意识形态的改变、实体经济衰落、互联网经济崛起和房地产行业瓶颈等多种因素作用下，市场已经发生了翻天覆地的变化。一些大公司曾经的创业经验已不再适用于当今社会，所以克隆参照物不能完全照搬，而是要结合当今的大环境，将其中的精华部分运用在自己的公司中。现今的创业环境的变化及发展趋势主要有如下九点。

1. 网络信息技术的发展

随着移动互联网的发展，许多互联网公司应运而生。社交网络的发展降低了广告传播的成本，如百度贴吧、搜索引擎等，都可以实现定制化、低成本的广告传播。

2. 物流行业的发展

网上购物促进了物流行业的发展，使产品可以低成本销往全国，甚至全球。物流行业的发展带动了交通运输业的发展，人们之间的距离越来越近。

3. 国家对创业的扶持

国家大力扶持创业项目，特别提出了"互联网＋"的概念。互联网逐步成为创业热点。

4. 产业之间的交集越来越多

"互联网+"使产业之间的界限越来越模糊，许多机会就诞生于产业之间的融合。

5. 传统媒体的衰落

移动互联网的发展促进了新媒体的崛起，很多公司不再依靠传统分销渠道，而是直接与用户沟通，省去了许多中间环节。在这种环境下，传统媒体将会逐步衰落。

6. 互联网营销手段多样化

抖音、快手等短视频和直播平台的兴起，使公司可以自己给自己做广告，结束了传统的电视、报纸的广告时代，极大地降低了产品的营销成本。

网购平台的出现更是打破了购物的地域限制与时间限制，使用户可以24小时浏览、购买产品。团购的兴起则能以更优惠的价格刺激用户的购买欲。

7. 云计算、大数据的应用

云计算、大数据等技术使创业者搜集到的用户信息变得更加精确，通过分析用户信息，创业者可以精确地推断出自己创业项目的市场前景，从而有针对性地生产产品。

8. 用户的参与热情高涨

用户更想参与到产品的设计、生产过程中来。例如在小米论坛，用户能对产品的外观、性能、材质等进行讨论。用户参与产品的设计、生产也逐渐成为提升用户黏度的一个方法。

9. 产品营销精细化

用户接收信息逐渐从以前的被迫接受转变为自主选择。很多公司摒弃了过时的营销手段，产品营销逐渐向小而美、精细化过渡。

创业者要结合以上新变化、新趋势，合理选择克隆方式，切不能盲目、僵硬地克隆参照物。

7.6 创新型克隆：创新与克隆的融合

创业者通过克隆参照物创业只是一个让公司快速起步的手段，创新才是公司得以立足的基础。对此，创业者应该将创新与克隆相融合，使产品具备自己的竞争优势。

创业者可以对率先进入市场的产品进行再创造，对产品功能、外观和性能等方面进行改进，使新产品不仅达到原产品的技术水平，甚至超越原来的水平，从而更具市场竞争力。

克隆后的再创新可以有效节省研发及市场培育方面的费用，降低了投资风险，同时也降低了公司成长初期的不稳定性，非常适合刚进入市场的创业者。这种创新方法一般有以下四种特点，如图 7-6 所示。

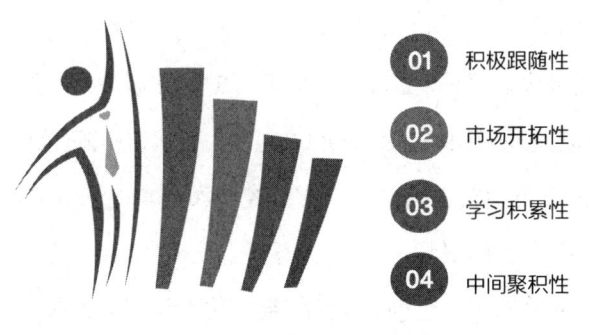

01 积极跟随性
02 市场开拓性
03 学习积累性
04 中间聚积性

图 7-6 创新方法的四种特点

1. 积极跟随性

创新型克隆是让创业者不做新技术的探索者和使用者，而做新技术的学习者和改进者。这样的方式可以快速实现产品的差异化，从而打造产品的竞争优势，不让产品的技术完全受制于人。

另外，率先进入市场的产品已经有了一定的市场和目标用户，所以不需要创业者从头开辟全新的市场，只需要进一步利用前人开辟的市场即可。

2. 市场开拓性

因为前人开拓的市场很可能已经饱和，所以创业者在克隆后的再创新也同样需要开拓新的市场。这就需要创业者挖掘、刺激用户的新需求，从而实现对市场空间的进一步拓展。

3. 学习积累性

创业者对率先进入市场的公司进行克隆也是一个学习积累的过程，学习积累是再创新的基础。这个过程需要创业者自我探索，除了学习基础知识，创业者也需要学习一些专业知识和技能。

创业者只有积累了足够多的知识，才能从量变到质变，在原有基础上创造出新技术。学习参照物成功和失败的经验，提高自身技能，低成本、短时间、高效率地获得产品竞争优势，才是创新型克隆的最终目的。

4. 中间聚积性

克隆的过程省去了早期探索新技术和开辟新市场的大量投入，能够让公司集中力量在创新环节中投入较多的人力、物力。这样既能保证资源的集中利用，又能保证公司在工艺改进、质量控制和成本控制等方面形成技术积累，铸造产品竞争力的根基。

初创公司资金有限，这种方法无疑会节约大量试错成本，使公司产品迅速迭代，形成自己的竞争优势。

创业者在借助克隆起步后，如何将创新与克隆相融合，打造出产品的竞争优势，从而使其在市场中占有一席之地？具体可以参考以下四种创新方式，如图 7-7 所示。

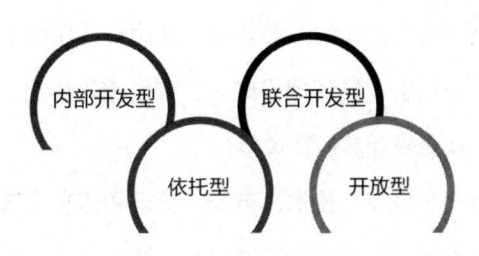

图 7-7　四种创新方式

1. 内部开发型

内部开发型是指没有其他公司介入，仅靠公司内部人员进行克隆项目的创新开发。这种方式可以有效防止信息的泄露，也可以杜绝合作公司的机会主义行为。

最重要的是，这种方式可以有效增强公司的自主创新能力。但这种方式对科研力量和资金的要求比较高，可能不适合资金不太充裕的初创公司。

2. 联合开发型

联合开发型是指两家或多家小公司在平等互利的基础上，形成合作关系，取长补短，共同开发市场，从而达到共赢的目的。这种方式可以使小公司更加有效地利用有限的资金和技术，优势互补，以克服各自面对的困难和危机，共同享受创新成果。对此，创业者可以选择如下两种联合方式。

（1）行业协作。行业协作即行业内若干小公司组成联盟，成立技术开发小姐，共用本行业的人才、技术等资源，共同进行项目开发。

（2）区域联合。即地方科委、公司、大专院校及科研院所等单位组成联盟，成立专门的技术开发小组，进行项目开发。

3. 依托型

依托型是指中小公司参与大公司的技术项目，与大公司保持技术协作，从而实现优势互补、协同发展。

这种方式避免了与大公司的正面竞争,让中小公司以依附大公司的方式求得自身生存。大公司由于经营规模庞大、市场销售稳定,能够给中小公司带来稳定的市场,从而降低其经营风险。

另外,中小公司在资金、技术、市场、管理和信息等诸多方面都能得到大公司的支持,技术创新能力也会迅速提升。这些都可以让中小公司缩短新产品研发周期,降低创新成本。

4. 开放型

开放型是指中小公司自身的创新能力很低,不具备自主开发或联合开发的能力时,借助社会力量来实现创新项目的开发。公司后续创新所需的技术、资金、人才、市场等,都可以靠社会力量来提供。

这种方式需要创业者的公司具备某一项优势,如资金、设备、市场等,以此来吸引社会力量向公司聚集。

这种方式研发出的技术成果,创业者不能独占,要由多位开发者共享。对于资金不充裕、自身创新能力较弱的初创公司来说,这是一种合适的选择。

创业者可以根据公司的具体情况选择其中一种创新方式,或者综合使用几种创新方式。

7.7 如何打破克隆防御

克隆参照物创业最大的问题就是只能学到形,而学不到精华。初创公司和成熟的大公司相比,技术不足、资金有限、品牌知名度不高、所占市场份额较小,这些因素都是大公司的克隆防御,创业者无法打破克隆防御,自然会在市场竞争中被淘汰。

如何打破克隆防御，让初创公司也能拥有与大公司抗衡的力量，创业者可以从以下三个方面出发，如图7-8所示。

- 选择恰当的市场定位，绕开主流市场，侧面出击
- 减少不必要的中间环节，降低成本，打响价格战
- 创新紧跟模仿，抓住时机实现超越

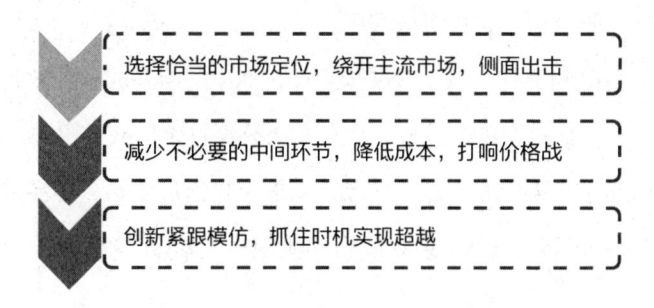

图7-8　如何打破克隆防御

1. 选择恰当的市场定位，绕开主流市场，侧面出击

创业者要明白一个道理：裁减顾客和裁减成本一样重要。任何一种产品都不可能适合所有的人，所以不是每一位用户都能给公司带来价值。

一些大公司的产品适用范围较广，占据了绝大部分的市场份额。创业者想要和这些公司正面争抢市场显然是不现实的，反倒会浪费大量的资金与人力。

所以，创业者在进入市场时要学会用自己有限的资源针对一小部分市场研发产品。例如，雪花啤酒在进入市场时，就将目标用户群定位在20～35岁这一年龄段，放弃了其他年龄段的用户，在啤酒市场中抢占了一定空间。

2. 减少不必要的中间环节，降低成本，打响价格战

小公司与大公司相比，并非全无优势。大公司人员较多，体制固定，一项任务需要多个部门协作，时间和人力成本都很高。加之大公司的产品从研发到销售会经历许多固定的中间环节，这使大公司的产品价格浮动的空间有限。

小公司则与之相反，小公司人员较少，管理模式简单，许多决策不需要层层审批。例如，麦当劳的某一个产品想要降价促销，需要经过总公司的审批，然后再传达给各个分店。而一个普通的快餐店想要降价促销，只需要店主在门口贴一张降价的宣传海报即可。

创业者可以利用这一点，来减少生产过程中的中间成本，做到同类产品中的最低价，突出产品的性价比，以此和大公司打价格战。

旗舰机是手机中比较高端的产品，智能手机出现伊始，各品牌旗舰机价格均高达四五千元，而小米最初发布的旗舰机，却以1999元的价格迅速占领了市场。

小米之所以能做到低价，是因为它创新了商业模式，颠覆了传统手机厂商的销售流程，利用互联网渠道直接把手机从厂商处送到用户手中，没有中间商赚差价，以此让利用户。

3. 创新紧跟模仿，抓住时机实现超越

真正打破克隆防御的方法是创新，即从性能、服务品质、用户体验等方面超越参照物的产品，最终占据参照物的产品的原有市场份额。对此，创业者需要针对产品的用户反馈，抓紧时间研发创新，做出用户体验感更好的产品。

腾讯最初推出的即时通信软件叫作"OICQ"，模仿了以色列一款即时通信软件"ICQ"。"OICQ"推出后，迅速占领了国内的即时通信市场，9个月注册用户超过6万名。

后来，"OICQ"因为名称问题被起诉，马化腾收到律师函后，将"OICQ"改为"QQ"。

虽然经历了换名风波，但QQ在国内依旧一路大火，腾讯也不满足于只做即时通信软件，进而提出了网络社区的概念。此外，腾讯还开发了游戏、

影视和新闻资讯等功能，成为中国最大的互联网综合服务平台。相比之下，"ICQ"却没能持续火爆。

克隆非常适合处于起步阶段的创业公司，这种方式可以让创业者借助前人的经验、技术和经营模式，平稳度过创业的起步阶段，从而降低试错成本。

不过，创业者要记住，克隆是起步，但不是全部，创新才是决定公司在市场中能否站稳脚跟的关键因素。所以创业者要适度克隆，抓紧时间创新，从根本上超越对手。

第 8 章　整合资源：合作互补，实现共赢

共享时代已经到来，在这个时代，创业者需要学会对内外部资源进行整合。简单来说，资源整合就是公司在知己知彼的情况下，对内外部的人、财、物等资源进行合理配置和利用，使整个行业中的公司合作互补，从而实现共赢。

8.1　整合≠找到 B 来满足 A 的需求

创业者在整合资源前，要明白以下两个问题。

1. 为什么要整合资源

创业者整合资源的本质是补充自己缺少的能力与智慧。

毫不夸张地说，一个白手起家的创业者什么都缺，如资金、用户和员工等，但创业者缺少的只是这些表面的东西吗？不是。

缺钱的本质是缺少优质的合作对象、好项目以及运作团队；缺员工的本质是没有整合众多人才的方法和策略，无法将这些人才为我所用。

2. 什么是整合资源

整合资源即整合创业者所拥有的，并找到下家；明确创业者所缺的，并找到上家。用所拥有的资源换回缺少的资源，或以最小的代价获得所缺资源，从而实现现有资源的利益最大化。

讲述人：姜女士

单位：某私营婚庆公司

职务：负责人

讲述要点：如何整合资源

2016年，我开了一家婚庆公司。生意稳定后，我开始思考如何整合资源。

我将婚礼这条产业链上的所有服务进行了整理，例如婚纱照、婚宴酒店、婚纱礼服、家用纺织品、装修公司和珠宝首饰等，并开始策划一个共享空间，既展示婚俗文化，又给红娘们的相亲活动提供平台。

这一方面可以提升我们自己的口碑，另一方面也能通过红娘的人脉为公司带来流量。我们给用户发放的礼包中附带了所有参展商家的现金活动券，合作商家还可以用折上折的捆绑营销策略吸引用户。

活动进行时，红娘带来的用户在这里度过了一段愉快的时光，有结婚意向的情侣也在这里得到了商家足够大的优惠保证，商家们包括我自己也得到了大量精准的客源。

创业者需要理解，资源整合在一定意义上就是实现资源互补。人之所以与他人交往，很多时候是想通过交往对象来满足自己的某些需求，这种需求既有精神上的，也有物质上的。

无论是生活中还是工作中，人们总会主动与一些自己想要成为的人交好、合作，通过这样的方法来弥补自己身上存在的某些不足，从而达到共赢的目的。

例如，酒店存在旺季和淡季，在旅游淡季，很多酒店的生意都很惨淡。但旅游的时机不是创业者能决定的，创业者需要另辟蹊径。

很多公司，尤其是保险公司组织培训会议需要租用场地，这庞大的群体正是酒店所需要的。酒店可以根据培训公司的人数及培训时间减少甚至免去会议场地租借费用，而培训公司在培训过程中也需要组织餐饮与休息，如此一来，酒店与培训公司就实现了共赢。

在实际工作中，能够被整合的资源有很多，创业者需要先发现这些资源，然后再整合这些资源。

8.2 列出详细的资源清单

创业者缺什么资源，需要什么资源，可以通过两个方法确定，如图 8-1 所示。

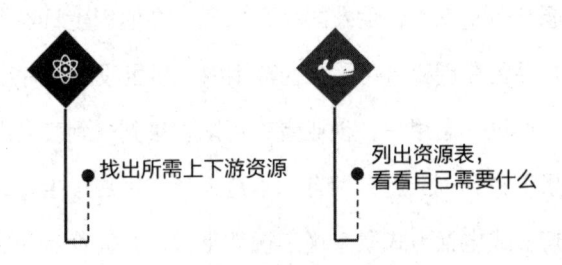

图 8-1 确定短缺资源的方法

1. 找出所需上下游资源

假设创业者经营的是制造公司，那么创业者的上游需要的就是产品研发技术、原材料等资源；下游需要的则是用户、物流等资源。这些相配套的上下游资源就是创业者需要的、缺少的资源。

2. 列出资源表，看看自己需要什么

创业者在公司的发展过程中，需要的资源包括用户、技术、渠道、人力、资金与设备等。但以上这些资源不可能每个创业者都拥有，即使拥有，也很难均衡。因此，创业者要做的就是找到自己所拥有的更有优势的资源，并将这些资源整理成一个资源表，从而直观地了解自己在每一阶段的资源整合重点是什么。

除了列出优势资源，创业者还要在资源表中为自己的资源定性，并制定运用资源的方案，以实现资源价值最大化。

如果创业者经营一家蛋糕店，那么他最缺的很可能是用户资源，因为大多数人只有在过生日或庆祝喜事时才买蛋糕。在这种情况下，创业者如何确保每天都有过生日的人来买蛋糕？对此，创业者需要收集用户的个人信息。

例如，创业者可以通过赠送礼物的方式引导用户留下个人信息。不论是购买蛋糕，还是购买点心的用户，创业者都可通过赠送电子会员卡来获得他们的生日、电话、姓名，并告知他们生日当天有折扣。

如果用户愿意留下家人、朋友的生日信息，在他们生日当天也可以到店领取小礼品。礼品要在创业者可承受的范围内，尽量设置得有吸引力一些。

这样一来，通过一名用户，创业者就可以收集到一到三名用户的信息。将这些信息积累下来，创业者会拥有一本每天都有用户过生日的年历。创业者可以提前以短信或电话方式联系用户祝贺生日，并推荐自己的蛋糕，同时提供送货上门服务。用户可以到实体店购买，也可在网上选购，老用户还能得到价格优惠。通过收集和运用用户信息，蛋糕店的生意会变得更好。

同样，学生市场也很重要，学生基数大并且喜欢甜品，创业者可以与校方合作在学校做推广或在学生中宣传。另外，为了赢得这一市场，创业者还可以控制成本，定制学生价位蛋糕。

创造资源很慢，可能需要几年、几十年，甚至几代人的摸索与积累。而通过整合资源，创业者能在最短的时间内整合大量资源，为公司的发展带来更大的机遇。

因此，对白手起家的创业者而言，通过整合资源来补充自己缺少的能力与资源，无疑是更快实现公司发展目标的重要手段。

8.3 如何利用好有限的自有资源

创业者想要利用好手中的资源,先要具有整合思维。一般思维和整合思维有什么区别?如表 8-1 所示。

表 8-1 一般思维和整合思维的区别

一般思维	整合思维
自己创造	整合,让别人的资源为我所用
先获得	先付出
以自己为中心	以对方为中心
先考虑自己想要什么	先考虑对方想要的
需要对方为自己做什么	自己需要为对方做什么
对方非自愿	对方自愿
整合难度较大	整合较为容易

一般人只关心自己想要的,不关心他人想要的,更不愿意满足他人的需求,只想把别人的变成自己的。

整合思维与一般思维最大的差别就是,在明确自己想要的资源以后,会以对方为中心,研究对方想要什么,然后满足对方的需求,在获得对方的信任和认可后,对方会自愿提供自己需要的资源。

讲述人:李先生

单位:某体育用品公司

职位:CEO

讲述要点:我抓住"皇马"中国行的时机,利用粉丝经济圈了粉

我从小就喜欢足球,2017 年开了三家卖体育用品的网店,但生意一直不温不火。在得知"皇马"将要在 7 月份来中国,分别在广州、上海两地决

战米兰双雄时，作为球迷激动之余，身为商人的我知道机会来了。

我在三家网店上架了世界杯球星同款球衣，同时在运营的微信公众号上发布了一条推送来介绍此次世界杯盛事，并在推送末尾宣布"只要关注网店，转发此条推送到朋友圈并截图发送至后台，即可获得赢取'皇马'中国行门票的抽奖资格"。

我的好友很多都是球迷，为了参与活动也为了支持我都加入了转发大军，很快我的朋友圈就被他们刷屏了。与此同时，随着消息越传越广，我的网店粉丝数也在稳步增加，一天最多涨了5000名粉丝。

很多人关注网店后也会看一看、刷一刷，于是在比赛前的这段时间里，店内皇马球星同款球衣卖出了上千件。

对于球迷来说，他们想要门票，想要一个能到现场去看喜欢的球星的机会，现在只需要关注一家店铺就有可能得到这个机会，何乐而不为。我知晓球迷的需求，而我的需求是增加店铺曝光量和粉丝量，用几张门票，换来蜂拥而至的顾客，稳赚不赔。

虽然开店创业要求略高，但对于有能力开店创业的人来说，利用当下热门的互联网平台进行多渠道营销十分可行。创业者可以根据自己的产品特色定位用户群体，偶尔举办一些活动来吸引关注并赢得粉丝好感，毕竟粉丝经济带来的收益不可低估。

另外，创业者如果把那些单一、弱小、零散的事物整合在一起，也能获得成功。例如分众传媒把等电梯的碎片时间整合在一起进行有针对性的广告投放；各大团购网也是把单一的用户群体整合起来，才做成了如今的规模。

讲述人：蒋女士

单位：某托管学校

职务：负责人

讲述要点：通过研发软件，将家长引流到线上，形成流量

我在2015年开了一家托管机构，为下班晚不能及时到学校接孩子的家长照顾孩子。我自己也是家长，也经常遇到无法及时接孩子的情况，于是就想尽力帮助其他家长解决这一问题。

在孩子所在学校的家长那里得到了信任，建立了良好的口碑后，我的托管班慢慢开始扩大辐射范围，三年来积累了十几家学校的家长资源。后来网络信息越来越发达，我就开始招人研发软件，以方便家长们通过软件实时查看孩子在托管班的状态。

家长对于教育、亲子领域的商家来说是精准用户，我的平台就是一个移动的用户资源包。于是我联系了相关商家做推广，商家入驻平台付费打广告，既丰富了平台的内容，也吸引了更多家长。

创业者明确自己的需求，了解别人的需求，通过资源交换获得自己需要的资源，这就是整合思维。

8.4 向上借势，向下捆绑

资源整合不是从别人那里拿来资源这么简单，资源整合是一个互补的过程，自己一定要先付出。不愿意帮助别人的人，也很难获得别人的帮助。

如果一个创业者待人冷漠，高高在上，既不共享信息，也不帮助别人，只一味地想让别人为自己提供便利，那么，你愿意和他深交吗？很多人都是不愿意的。

如果创业者不愿意与别人共享资源，那么相应的，别人同样不会与创业者共享资源。

因此，创业者应该先明白自己的价值，然后发挥自身价值，向上借大平

台之势，向下与合作伙伴深度捆绑，来获得想要的资源，你来我往，互相成就。那么，具体应该如何操作？

1. 找准自己的价值

创业者想要获得别人的资源时，唯一的优势就是自己手中的资源。创业者把自己的资源与别人共享，然后别人的资源才可以为己所用。

你的加上我的等于大家的。创业者先不要管别人有什么资源价值，要先找准自己的价值，种下梧桐树，才能引来金凤凰，自己有价值才是王道。

2. 联合研发产品

现在的技术呈现分散化特点，没有公司能一直拥有生产某种产品的最新技术。为此，大多数公司会借用外部资源。

研发新产品的过程非常复杂，从萌生创意到产品上市，创业者需要花费大量的时间以及费用，而市场环境千变万化，新产品的成功率很低。

因此很多公司会选择和其他公司共同开发新产品，这样做一是能利用共同资源，进行技术交流，共同攻克技术难题，减少人力资源闲置，分散高风险；二是公司可以利用新产品各自改造自己现有的产品，不断更新产品或创新卖点，从而提高市场竞争力。

3. 合伙

创业者通过合伙经营的形式，可以将不同的资源整合在一起，实现共同经营、共担风险，进行资源和能力互补，从而达到共同发展的目的。

合伙经营可以减少创业者前期投入，分散压力，也能让各方共同承担后期风险。同时，由于利益捆绑，各方的积极性都会被充分调动起来。

术业有专攻，每个人都有自己擅长的地方。合伙人集思广益，能力互补，各自发挥自己的人脉资源，可以帮助公司更顺畅地运转。

相比自己单打独斗地创业，合伙人可以互相鼓励，共同度过创业前期的艰难时光。

4. 联合促销

联合促销是在资源共享的基础上，两个或两个以上的公司向彼此开放营销资源，进行共同促销，通过优势互补，各取所需、各得其所。

联合促销的本质是借外部资源实现公司促销效益的最大化。联合促销可以缓解销售压力，使联合体内各公司都能以较低的成本取得较好的促销效果。

最常见的联合促销手段是与其他行业联合促销，这是因为不同行业之间不存在直接竞争，而且还能实现优势互补。

讲述人：王先生

单位：某个体商户

职务：负责人

讲述要点：和其他行业进行联合促销

体控理疗是一种新型理疗方法，既可美容又可养生。我本以为在强调养生的时代这种理疗方法会大受欢迎，没想到人们只对新出的养生饮食有很大兴趣，对新兴的理疗方法却抱着观望的态度，因此我的店开起来后生意一直很冷清。

为了拓展市场，我雇人发过传单、名片、体验卡，但始终没什么效果。有一天，我看到员工桌上放了一本合理饮食的科普宣传小册子，他说上面介绍了很多有用的知识，所以想保存一下。我打开一看，里面图文并茂地介绍了"50种不能一起吃的食物""不同疾病征候人群食物"等内容。

我立刻着手设计类似的小册子。我的册子上除了饮食搭配，还有其他需要注意的小常识，封面上展示了和谐、温馨又引人注目的画面。我还和一些居家服务公司合作，在我的小册子上印上清洁公司、搬家公司和电器维修公司等的联系方式，以确保小册子的内容能涵盖人们生活中的方方面面，人们不会轻易丢弃它。

这样人们在留存并翻看小册子时，也会一遍遍加深对我们店的印象，在有这方面需求时，才能第一时间想到我们。后来，我的生意逐渐有了起色，我们也用优质的服务留住了更多客户。

资源整合具有独特的魅力及威力，只有你来我往，才能实现共赢、互相成就，发挥资源整合的效力。

8.5 步步为营：资源整合的四个阶段

很多创业者过于依赖外部资源，导致自身根基不稳，一旦市场动荡，公司就会很大程度地受到波及。而整合资源并不是为了将创业者置身于这样的高风险境地。

在与合作方整合资源时，创业者公司投入资源的多少与其经营状况密切相关。因此，创业者应该先运用有限的资源经营好公司，将能利用的资源利用到极致，例如，在不影响产品的品质及服务的前提下，有效地降低管理成本。

创业者采取稳扎稳打、步步为营的策略虽然会显得过于谨慎，但公司只有先站稳脚跟才能谋求以后的发展，招揽更多的用户，吸引更多的投资。因此严格把控风险、稳健成长的作风更适合小型公司。

整合资源最简单的方式就是拼凑。很多创业者都是初次接触运营公司的一系列问题，一边焦头烂额地适应，一边加速成长，尽管如此，他们还是有可能掉进没注意到的陷阱里。

拼凑策略则可以通过寻求创业的经验，分析其中的利弊，反思不同处境下的做法，综合制定相对保险的解决方案。只要创业者在拼凑资源时，保持辩证的思维，一切都能成为可利用的资源。

创业者自身的人脉也是不可多得的资源。不论是生活中形成的朋友圈，还是工作中积累的人脉，如果创业者维护好这些人脉，那么在未来发展中，这些人脉很可能会起到令人惊喜的作用。

想要实现最高效的整合，达到最好的整合状态，创业者要了解资源整合的四个阶段以及六个步骤。

资源整合的四个阶段的具体内容如图 8-2 所示。

初级阶段	1+1=2
中级阶段	1+1＞2
高级阶段	1+1=11
顶级阶段	1+1=王

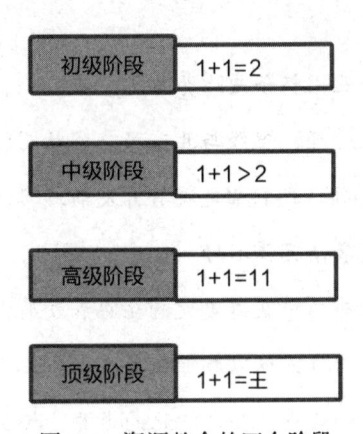

图 8-2 资源整合的四个阶段

1. 初级阶段：1+1=2

在这一阶段，创业者要做的是寻找一个合作伙伴，利用双方的资源来发展公司，实现盈利。

管理大师彼得·圣吉做过一个调查，一个团队里成员的平均智商是 120，但当他们组合在一起时，团队的整体智商却只有 62。这是因为虽然团队中每个人的工作能力都很强，但他们一起做事时容易产生摩擦，反而使效率降低，因此并不是 1+1=2。

如果没有办法发挥 1+1=2 的效果，综合效益就会很低，无法达到资源整合的目的。由此创业者可以总结出：1+1 是一种资源整合，如果能做到 1+1=2，就进入了资源整合的初级阶段。

2. 中级阶段：1+1 > 2

中级阶段是创业者利用双方资源实现公司盈利，这需要双方互换方法和策略。

讲述人：王先生

单位：北京某物业公司

职务：负责人

讲述要点：并购企业，整合彼此资源

我的公司主营物业管理，曾经与北京另一家物业服务企业进行过一些合作，双方有一些合作基础。我们都是没有开发商或其他背景做依托的市场化物业服务企业，因此发展情况并不好。

为了在竞争激烈的市场中获得更大的生存和发展空间，我们经过多次讨论最终决定：由我的公司并购这家物业服务企业。此后，双方坚持融合发展的策略，彼此借鉴对方的优点，整合彼此的资源，相互协作，共同进步。

后来，在中国物业管理协会开展的行业综合实力百强企业评选中，并购完成后的公司在行业内名列前茅。

这才是真正实现了 1+1 > 2 的整合效果。

3. 高级阶段：1+1=11

讲述人：张女士

单位：某礼品公司

职务：总经理

讲述要点：与区域内礼品商一起成立新公司

我在签约运营了一个知名品牌后，经过慎重考虑，大胆地进行了组织变革。我拿出了全部产品，与区域内优质礼品商一起成立了新的营销公司，重新组建了团队。

这一举措使得十几家区域内主流的礼品商加入我们，这些礼品商既是公司股东，也是产品代理商，我们互相监督，相互比拼，仅用了两年的时间，公司就在区域内占据了绝对的优势。

经过这一阶段的整合，创业者不仅要能赚钱、会用策略，还要能整合背后更深层次的资源。要实现"1+1=11"的整合效果，创业者要明白，整合不是榨取原有的资源价值，而是让资源再生。

4. 顶级阶段：1+1=王

格力空调的两任负责人董明珠与朱江洪就实现了1+1=王的效果。

朱江洪在技术和管理上具有优势，为人低调；董明珠精通销售与市场，为人高调。他们相辅相成，使格力电器成为行业龙头，这就是1+1=王。

在这一阶段，创业者除了要学会方法、能赚钱、获得各方资源、得到认可，还要找有能力的人共事，把人、财、物等重新整合，以达到更好的整合效果。

资源整合的六个步骤分别为：第一，明确目的；第二，明确必须具备的资源；第三，分析现有资源；第四，明确缺少的资源；第五，确定缺少的资源在谁手中；第六，将缺少的资源整合。

创业者想要整合好资源，一切行动必须有清晰、明确的目标，以结果为导向。没有清晰、明确的目标，资源整合也就无从谈起。

当然，只有目标是远远不够的，创业者一定要明确达成目标必须具备什么资源，从而明确自己已经具备了什么资源，还缺什么资源，进一步确定所缺的资源在谁那里，明确对方想要的并采取相应的办法，来获得自己需要的资源。

对方最想要的就是对方认为重要的。不同的人拥有不同的价值观、爱好、习惯，创业者要先分析对方，研究他的价值观、信念以及需求。

讲述人：张先生

单位：北京某互联网公司

职务：总经理

讲述要点：通过满足合作公司要求，与其成功签约合作

我在与上海某科技有限公司谈判合作一个可视化大项目时，谈了半年都没有与对方谈拢。

在又一次的合作谈判前，我对这家科技公司进行了深度分析，发现这家公司的强项在设计和动画制作方面，但其立体实拍技术非常薄弱。也正是因为这一点，这家公司对合作迟迟下不了决定，而我们的公司在立体实拍技术方面非常擅长。

因此我从对方的需求出发，组织了十几个立体实拍团队，输送到上海这家科技公司，然后将对方的立体实拍相关工作都安排给我们的团队做。通过这样的整合，我顺利与这家公司签订了 2000 万元的合同。

一个人资源整合能力的大小，一定程度上决定了他能否成功。走好资源整合的六步，就抓住了资源整合的关键，向成功迈出了一大步。

8.6　如何建立合理的利益分配机制

在资源整合过程中，合作方之间的关系不可能完全对等，因此在利益分配时也会产生各种各样的隐患。想要保持长久的合作，创业者就要在合作初期建立各方都满意的利益分配机制，避免未来可能引发的争论与决裂。

创业者要明白：合作方选择资源整合一定是出于利益，计划之所以能通过，也是因为各方确定可以获得自己满意的利益。因此，与合作方有越直接的利益关系，创业者能整合到的资源就越多，利益分配机制也要越明确。

利益分配机制要符合法律。中国是一个法治社会，制度严明，条律清晰，法律会保障合法的权益，因此越是合乎法规的合作越能走得长久。

另外，创业者在制定利益分配机制时，要尽量将各方的投入资源量化，如果对方提供的是资金、技术、市场或营销知识等，通过量化其价值，便能得出对方在合作中贡献的价值及所占比例。创业者可以秉持"谁创造价值，谁分配利益"的原则，根据资源量化后的份额进行合理分配，使合作方收益与投入对等。

在整合资源时，创业者要做到去中心化，但在分配利益时，就需要明确权利归属。各方应在合作初期确定分配利益时的决策方，例如确定决定性的一票否决权的属向。创业者也要提前确定在无法统一意见时，同意者数量达到哪个比例可以通过决策，例如比例达到三分之二即可通过决策。

创业者在制定利益分配机制时，要遵守资本保全原则，在分配利益时不能侵蚀资本。分配利益建立在产生利润的基础上，如果运营过程中发生了亏损，应先弥补亏损，再进行利益分配。

利益分配机制是否合理决定着合作能否继续下去，因此，创业者应在权衡多方利益后，尽可能保持公平的利益分配。

很多人在分配利益时会斤斤计较，分毫必争，这在合作中是不可取的。在合适的时机，创业者可以做出一定的退让。

整合资源的核心是合作共赢，当创业者已经享受到了整合资源的好处，并获得了自己想要的利益时，在利益分配时退一步，反而能够赢得更大的合作舞台。

当然，即使退步创业者也要守住自己的底线，刚柔相济，让合作方更能明白创业者的能力与格局。

8.7　创业者要有眼光和魄力

不论一家公司所占的市场大小、发展快慢，都不能故步自封，拒绝合作。创业者在关上合作的门的同时，也失去了让公司更好地发展的机会。

初创公司在收到其他公司的合作请求时，应该有整合资源的意识。创业者要保持良好的大局观与清醒的头脑，认清公司在市场上所处的局面，利用好身边的资源。

很多创业者对整合资源的认知有误区，认为与大公司合作就是被收购或兼并了，因此表现出非常强烈的否定态度。创业者需要明白，收购或兼并是整合资源的一种形式，但只是其中之一，整合资源还有很多其他的形式，如整合资金、资源互换、整合人脉等。

创业者的另一个认知误区是认为整合资源是大公司的专属方法，小公司用不着。整合资源不是狭隘的、具体的方法，而是一种实用的理念与思维方式，让创业者在争夺市场时不必孤军奋战、腹背受敌。

与大公司合作可以"背靠大树好乘凉"，创业者能得到充足的资金注入，使用它们早已开拓好的资源；而与身边的小公司合作捆绑则可以"众人拾柴火焰高"，扩大共同的市场。

靠个人力量去冲击市场始终是艰难的，创业者要通过与合作伙伴整合资源来弥补各自的短板，开发出新的竞争优势。

其实资源到处都是，很多人不是没有资源而是找不到资源。创业者具体应该怎么做，才能发现自己需要的资源？答案是要有眼光和魄力。

对于公司这盘棋，创业者先要学习的不是技巧，而是布局。布局考验的正是一个人的眼光以及魄力。

什么是眼光？眼光就是某一时刻对某领域趋势准确预测的能力，能看到别人看不到的东西，能通过表象看到事物发展的本质。

什么是魄力？魄力就是创业者在看准某一项目后，要能当机立断做出决策并付诸行动。

眼光和魄力缺一不可。很多创业者有过不少想法，但终究都没有实现，原因就是不能把想法立刻转化为行动。

大多数成功人士都是有想法，并且能立刻将想法转化为行动的人。

讲述人：蔡先生

单位：贵州某个体餐饮店

职务：负责人

讲述要点：我整合了一条街的商铺资源，实现了共赢

2017年，我在贵州一条小吃街开了一家餐饮店，附近有很多娱乐设施，所以餐饮店生意很红火。

唯一令我苦恼的就是采购食材。为了保证食材的新鲜，我每天大清早就到菜市场采购，有时候生意特别好，还要中途去菜市场补充食材。尽管我每天都会采购，但食材价格并不优惠。

这应该是个体商户都会遇到的问题，我们不像连锁的大公司有自己的供货链，单次的购买量也不大，没办法跟市场谈价格。

于是我到小吃街的每一家店去咨询意见，询问店主是否愿意跟我一起集中采购，最终集合了小吃街上近八成餐饮店。同时，我也跑了好几个地方，最终找到位置、食材质量、价格都合适的供货方，每天在固定时间为我们送货。

我们降低了采购成本，每天都有新鲜的食材，供货方一次收获了大半条

街的商户，还能集中送货，大家皆大欢喜。

蔡先生没有局限于自己的一家小店，能够想到所有个体餐饮的窘境，并能立即行动，整合一条小吃街的食材需求，最终解决了问题。这种能看到问题本质的眼光以及整合资源的能力正是每个创业者所需要的。

8.8 把握资源，借力打力

在"美味不用等"App出现之前，或许没人会想到一家没有厨师的餐厅可以开业。

为了解决就餐高峰期排队问题，"美味不用等"App诞生了。通过排位、预订、预点、支付以及会员管理等系统，"美味不用等"App为商户建立了一套完整的体系。而现在，它开了一家不做饭的共享餐厅。

餐厅内不设厨房，也不烹饪菜品，用户到店后在餐厅中扫码下单，选择附近其他餐厅的菜品，然后由"美味不用等"的工作人员前往各餐厅取餐并送至用户桌上，整个过程不需要排队，不论你选择的餐厅有多火爆，都可以很快享受到美食。

尽管有人戏称，这样感觉像是在商场点外卖，但这与外卖的意义截然不同。聪明的创业者总是能准确抓住用户的痛点，解决用户的难题。

食客们经常会有这样的体验：用餐高峰期餐厅人满为患，越是火爆的餐厅越是排起长队。"美味不用等"经过研究发现，长时间排队会让餐厅流失部分顾客。

市场的矛盾点在于，餐厅的空间与人手始终有限，无法照顾到每一位顾客，顾客在排队等待中还会耗费大量的时间，无法获得良好的用餐体验。

这看起来是不可调和的问题，但"美味不用等"选择借力打力，主动为热门餐厅提供堂食空间，挽回流失的顾客。同时"美味不用等"也利用热门餐厅打招牌，吸引顾客上门，形成了完美的利益闭环。

共享餐厅的盈利来源于两方面：一是合作餐厅的优惠价格，二是共享餐厅内部自动售卖机的酒水、果汁等饮品，未来还可能根据营业情况增加与主要业务不冲突的零售产品，拓展前景广阔。

"美味不用等"宣称未来会扩大合作范围，增加合作餐厅，让顾客有更多选择。虽然目前共享餐厅受制于合作餐厅的位置，同时为了保障食品安全与上菜速度，只能在合作餐厅附近开业，未来的方向不确定，但这种基于共享的资源整合，值得所有创业者学习和效仿。

有发现才有机遇，创业者必须明确用户需求，找到自己的市场。借力打力并不是投机取巧，它的核心是寻找资源、评估资源，并将资源转化为实质能量注入公司。

现如今创业门槛很低，国家也出台了扶持政策，但能否成功重点在于创业者能否把握这些力，将力打到正确的方向。

第9章 学会花钱：该花则花，该省则省

创业初期资金有限，创业者要把钱花在"刀刃"上。于是怎么花钱就成了关键，对于每一分钱，创业者都要精打细算、能省则省。

9.1 不同发展时期的花钱之道

公司在哪些地方该花钱、哪些地方不该花钱，这也是一门学问。有许多创业者不知道如何花钱、什么时间该花什么钱、什么钱不应该花，最终会给公司带来损失。

讲述人：孙先生

单位：上海某公司

职务：总经理

讲述要点：对于初创公司来说，省钱才是硬道理

我和一位朋友合伙经营过一家创业公司，公司不大，员工也不多，但是每个月的成本都很高。虽然表面上看我们没乱花什么钱，但如今仔细考虑，其实还是有很多时候是没必要花钱的。

为了有个相对良好的工作环境，我们办公用的所有设施都是新的；为了防止办公空间过于拥挤导致员工不适，我们将工作场地的空间利用率也尽量降低。另外，我们还备有专门的零食角作为公司福利中的一项。

我们公司给出的薪水不算低，各种常规福利也都有。甚至在公司没赚到

钱时，我们都尽可能地给员工发奖金。

后来，随着资金越来越少，公司岌岌可危。当时还算幸运，我们还有融资机会。但是由于公司的资金不多，在不改变公司支出模式的情况下，没有足够的融资成本，从而错过了融资机会。

于是，我们就这样耗空了公司的最后一笔钱，公司最终不得已倒闭了。

开公司，钱是最重要的，创业者想要不为钱所困，最重要的就是学会花钱，节省不必要的支出。

事实上，公司的发展过程可以分为初创期、起步期、发展期和成熟期，公司发展的不同阶段要花的钱是不一样的。

1. 初创期

大多数创业者并没有雄厚的资金，因此在公司成立初期，多数创业者面临的最大的问题就是资金不足。

市面上有许多初创公司都失败于资金问题。没有资金，产品再好也无法投入生产，即使产品生产出来，也没有太多的资金做推广，进而导致销售不畅，公司最终就会因没有盈利而倒闭。

因此，创业者在创业初期一定要节省资金，但是在融资时，一定不要吝啬，因为花在融资上的资金能在成功吸引到融资后成倍地返还。

2. 起步期

在这个时期，公司逐渐参与到市场竞争中，花钱的目的应该是赚钱，因此创业者要将公司有限的资源投入能够赚钱的领域。

虽然长期项目有利于公司未来的发展，但是创业者也要着眼于当下，适当发展短期项目，以获得盈利，保证公司的存活。

3. 发展期

处于发展期的公司已经初具规模，也在市场中站稳了脚跟。这时为了使公司有更多的收入，创业者就要将钱主要花在增加用户上。加大宣传支出以吸引更多的用户，提高市场占有率，适当地扩张，使公司进入上升阶段。

4. 成熟期

这个时期的公司已经步入正轨，基本能正常盈利，因此创业者就要将目光放在生产的规范化和标准化上，尽量降低生产成本。

创业过程中需要用钱的地方太多了，创业者一定要树立"该省的钱不乱花，该花的钱不要省"的意识。

9.2 三大花钱问题：场地、员工、预算

创业初期主要涉及三大花钱问题：场地、员工、预算。

1. 场地

由于创业初期公司可用的资金有限，所以在选择办公场地时，创业者应以省钱为主，不要盲目追求高品质的办公环境。

大疆创新是从一个普通的居民房里发展起来的；谷歌最初的公司在一个租来的车库里；马云最开始创办阿里巴巴时，是在家里办公。由此可见，公司能否成功并不取决于最初工作环境的优劣。

对于那些办公场地对运营没有影响的公司，创业者要先将花钱的重点放在业务和产品上，等公司有所收入时再更换办公场地也不迟。

这样不仅能为创业者省下一笔开销，还能使员工深切地体会到公司的成长，让他们更有成就感。

除了家里或者公寓楼，创业者还可以考虑创业园区里的孵化器。孵化器不仅能为创业者提供相对较好的办公场地，还能为创业者提供一些帮助。

2. 员工

员工的数量并不是越多越好，凡客诚品创始人陈年曾经说过："公司越热闹，烧钱混日子的人越多。"精简组织架构后的凡客诚品只剩下不到300名员工，但业务也运转得十分顺畅。另外，员工数量越多也意味着公司的薪资福利支出越多。

创业者将公司的人数控制在一定的范围内，不仅能够提高员工的工作效率，还能为公司节省一笔资金。拥有更多资金和高效率工作团队的创业公司，成功的可能性将会大大提高。

3. 预算

有很多创业者错误地认为：自己的公司很小，员工也不多，不需要做预算。事实上，如果创业者对公司需要支出的资金没有预算，就很难对公司的现金流有一个正确的把握。一旦资金上出现变动，创业者很可能会措手不及，以致影响公司的良好发展。

讲述人：乔先生

单位：北京某数字科技公司

职务：CEO

讲述要点：公司花钱要做好预算

我们公司对于资金的规划是非常细致的，这也是我们公司最成功的一点。我们公司于2016年底成立，2017年就实现盈利，迄今为止年收入近3亿元，净利润年复合增长率达到142%，团队也从不到10个人增加到140人。公司想要稳步成长，一定要对成本预算把关。

行业内收入规模与我们相近的公司，团队人数都是过千的，而我们只有140个人，因为我们不想盲目扩大员工规模。公司一定要随着业务增长，有计划、有规律地招人，这样也能够节省人力成本。

在扩充业务时，前期我们要共同商讨做这项业务需要多少人、大概成本是多少、是否涉及市场费用、市场费用大概是多少、相应的成本大概是多少以及多久能带来净利等。只有将这些问题讨论清楚后，我们才会真正投钱去做，而不是在一开始就盲目"砸钱"。

我们公司也会对所有市场营销活动做出预算，在活动结束后还要做复盘，确认活动是否达到了我们预期的效果，如果没达到，原因是什么。每一次营销活动我们都是这么做的。最早创业时融资的500万元，我们足足用了一年，这对其他公司来说，简直是不敢想象的。

现金流是公司的生命线，因此现金预算对于初创公司也十分重要。预算能够帮助创业者掌握公司的现金流，指导公司的日常管理。

另外，创业者也要结合公司发展的不同阶段制定不同的预算，不同时期公司花的钱是不同的。

创业的风险很大，并不是投入就有回报。创业者一定要学会开源节流，先让公司存活再考虑其他的问题。

9.3 创业者个人财务管理

作为公司的创始人，创业者需要明白一个道理：开公司确实意味着创业者拥有了一家公司，但是并不意味着公司的钱也是自己的。部分财务培训公司认为，创始人不给自己发工资也不利于公司的发展。

人在面对诱惑时，很难说是否能够继续坚定信念。有一些标榜奉献精神、声称不拿公司一分钱的老板，最终还是没能敌过内心的欲望，私自挪用公司资金，不仅葬送了公司，自己也落得一个锒铛入狱的下场。

讲述人：高先生

单位：广州某公关公司

职务：创始人

讲述要点：越是违背人性的东西，有时候越会激发人心的恶

2015年的时候，我曾经服务过的一家公司倒闭了，原因是创始人涉及经济问题被调查，这名创始人就是典型的拿"一元年薪"的创业者。

他在公司标榜奉献精神，年薪也是象征性地拿一元。但是在接触过程中我发现，他虽然只拿一元年薪，生活却很奢侈。

据我了解，这名创始人出身于一个普通的中等收入家庭，家庭经济实力并不算雄厚，而在公司成立之后他却经常以各种理由出国旅游，并以报高价班为由报销高额费用。

出事后，我和这家公司过去的副总聊天得知，这名创始人在公司业务扩大、公司资金有所增加时，私自挪用了大量资金给自己买房。这次事发也是因为他擅自挪用资金，使公司现金流出现了明显异常。

这件事给我的启发是要尊重人性，越是违背人性的东西，有时候越会激发人心的恶。

给创业者发工资其实并不是增加公司支出，而是通过束缚贪欲为公司节约更多的资本。

为了能专注于公司的长远发展，创业者可以适当地为自己发一些工资。那么创业者应该给自己发多少工资？

创业者的工资不能简单地制定，而要参考多种因素，例如员工工资、公司业务形式、公司发展状况和其他合伙人工资等。从为公司省钱的角度来看，创业者的工资不宜过高；但是从人性的角度来看，创业者的工资也不能太低。总之，创业者的工资能满足日常生活需要即可。

从很多以往的创业例子来看，创业者想要依靠创业来实现财务自由所需要的时间很长。公司所处的发展时期不同，创始人的地位也不尽相同。

创业初期，与其说创业者是老板，不如说他是一名打工者，因为这时的创业者需要为投资者、为公司员工、为用户打工。当公司发展到中期时，创业者才真正成了一名老板，员工为创业者工作。当公司发展到后期时，投资者为创业者服务。

公司发展的阶段决定了创业者的工资，但是创业者也要注意以下几点。

首先，公司在初创阶段还不具备盈利的能力，因此并不能很快实现收支平衡。所以在这个阶段，创业者手中要有足够的积蓄维持日常生活，以防止过度依赖公司收入，使资金本就不足的公司雪上加霜。

其次，创业者在为自己确定工资额度时，可以总结一下自己的工作内容并找出与之类似的职务，根据这个职务的工资来为自己确定工资额度。如果这个额度在公司收入能承担的范围内，创业者的工资就可以采用这个数额。另外，即便创业者想要增加工资，也要将数额控制在公司薪资预算能承受的范围内。

最后，创业者不能被公司一时的盈利冲昏头脑，大幅度给自己增加工资，来满足自己提高生活品质的需求。公司的发展并不会那么一帆风顺，为确保公司今后能应对诸多未知的困难，创业者最好留一些资金以备不测。

9.4 拿到投资，该花钱还是省钱

很多创业者在拿到投资后，都会欣喜若狂，以为自己手中有了足够的钱，干什么都不用顾忌了，于是心潮澎湃地在项目中投入大量资金，全然忘记省钱的初心。

创业者在拿到投资后，要调整好心态，对接下来的每一笔花销做好规划。

具体可从以下三方面入手，如图 9-1 所示。

规范化运作

加大市场营销的投入

开展团队建设

图 9-1　拿到投资后应该做的三件事

1. 规范化运作

创业公司应该从开始就实行规范化运作，如果一味地追求公司的快速发展，而忽略了公司的规范化运作，以后改正时将会耗费更多的成本。

也许是创业者对财务知识了解不深，也许是创业者觉得麻烦，导致国内有太多不规范的初创公司。这些创业者追求了一时的方便，却影响了公司今后的发展。

一个值得信赖的公司必然是规范化的。投资者可以接受公司因之前没有充足的资金而没有实现规范化运作，却不能接受在第二次融资时公司依旧没有实现规范化运作。

2. 加大市场营销的投入

市场如战场，谁能做好市场营销，谁就能掌握"战争"的主动权，因此市场营销对公司的成长与发展十分重要。加大对市场营销的投入就是要增加公司在市场中的优势，通过在市场上占据一定的地位来快速打造公司品牌。这样不仅使公司得到了发展，公司品牌建立后也将吸引更多投资者投资，公司得到更多的资金也能实现更好的发展。

因此，加大对市场营销的投入将促进公司发展与吸取投资之间的良性循环。

3. 开展团队建设

创业初始阶段，可能只有几个人勉强维持着公司运行。为了公司能朝着更好的方向发展，创业者需要了解公司当前有哪些欠缺，进而不断补充相应的人才。

在创业中，英雄主义是行不通的。一个人难免有些不足，所以创业者就需要一个团队，一个出色的团队能够快速地将公司做强、做大。

对于团队的建设，创业者也要仔细规划。团队的建设可以分为三个阶段。

第一个阶段，公司也许只有几个人，这几个人可能也同时是公司的合伙人。

第二个阶段，公司拿到了第一轮投资，这时公司人数扩充到 10～50 人就足够了。另外，这也是公司实现规范化运作以及塑造企业文化的最好时期。

第三个阶段，公司人数发展到 200 人左右。然而并不建议创业者此时引入职业经理人进行团队建设，因为过早地将其引入反而会给公司带来一些麻烦。

在公司人数超过 200 人后，创业者就可以聘请职业经理人来进行团队建设。因为这时公司各方面都比较稳定，引入职业经理人能带领公司更好地发展。

拿到投资后，创业者要把钱花在该花的地方，不该省钱的地方千万不要省。为了省钱什么都不做，只是在故步自封。只有让钱流动起来，用在该用的地方，才能充分发挥融资的作用。

9.5 掌握花钱的节奏

许多创业者都梦想着公司的资金只进不出，然而这种情况根本不会出现，因此创业者需要学习如何花钱，掌握花钱的节奏。花钱的节奏是什么，创业者可以结合以下案例进行理解。

A、B 两家公司分别有着各自的竞争对手。A 公司竞争对手的融资金额是 A 公司的 2 倍，而 B 公司的融资金额则是竞争对手的 5 倍。A、B 公司在扩大市场、与竞争对手进行对抗时选择了不同的路线。

A 公司选择稳健路线，在一年的时间里只向外拓展了 5 个城市；而 B 公司则选择迅猛发展，一年攻占了 30 个城市的市场。

那么花钱的节奏是什么？与之关联的是 KPI（Key Performance Indicator，关键绩效指标）。A、B 两公司的 KPI 都是成为行业第一名，并且远超第二名。花钱的首要目的是实现预先制定的 KPI。

在公司竞争中，还存在为了争夺市场而补贴用户的情况，是否需要花钱补贴用户、以什么节奏花钱，还要看竞争对手的情况。B 公司的融资金额是对手公司的 5 倍，在补贴上 B 公司可以只拿出 1/5 的钱和对手公司消耗，剩下的钱可以用在其他地方或者酌情用在补贴上。

其次，花钱的节奏还要与公司的管理半径相匹配。B 公司一次性拓展了 30 个城市的市场，在今后的运营中一定会遇到管理问题。

公司扩张并不是简单的加法，而是乘法。对于拓展到外地的公司，创业者很难对所有事情都了然于胸。

如何为拓展市场后的公司找到合适的负责人就是一个难题。首先，创业者对于此人的能力要有一定的要求，至少要和创业者的能力相当，才可以放心地把分公司交给他。其次，除了能力，分公司负责人的价值观、理念、节奏掌控是否与公司一致，也是创业者要考虑的问题。最后，创业者也要评估负责人的抗压能力与沟通能力。

能找到一个符合要求的人就已经很不容易了，何况 B 公司拓展到 30 个城市，需要 30 个负责人。除了负责人，30 个分公司的员工招聘也是一个难题，所以公司的拓展不是加法而是乘法。

通过对 B 公司前景的预想，可见 A 公司的稳步前进才是更为合理的花钱节奏。

第 10 章　利润率分析：寻找成功之道

利润率是指剩余价值与全部预付资本的比率，是剩余价值率的转化形式。

成本利润率 = 利润总额 ÷ 成本费用 ×100%

销售利润率 = 利润总额 ÷ 销售总额 ×100%

利润率反映了企业在一定时期内的利润水平，既可检验企业利润计划的完成情况，又可以对各企业之间和企业自身不同时期的经营管理水平进行比较，以找到可能存在的问题，提高经济效益。

因此，创业者可通过对利润率的分析，找到成功之道。

10.1　放宽眼界，平均水平不是终点

有的创业者认为，他所处的行业是夕阳行业，10% 的利润率就已经是行业平均水平了。

在管理公司时讲平均主义、易于满足，只会让公司逆发展。在利润率问题上，也是同样的道理。

每个行业都有利润率高的公司。我们以互联网行业中的 A、B、C 三家公司为例，假设 A 公司的利润率是 57%，B 公司的利润率为 45%，C 公司的利润率为 15%。简单来看，这三家公司的平均利润率并不算太高，同理，行业平均利润率的数值也不会特别突出，这是因为行业中不仅有高利润率的A 公司和 B 公司，还有像 C 公司这样利润率比较低的公司。

一些传统行业的创业者认为互联网行业的利润率最多只有 15%，但实际

上依旧有一些公司的利润率高达 45%，甚至 50% 以上。

如果我们站在全局的角度看，就会发现任何行业都有高利润率的公司。

讲述人：吴先生

单位：北京某耗材公司

职务：董事长

讲述要点：通过改变思维，我提高了公司利润率

我们公司属于低端制造行业，主营各类打印耗材，包括硒鼓、墨盒、碳粉等。公司的经营方式是通过批发商、代理商和自营店面销售，年销售额约 1000 万元，但净利润十分微薄，只有 3%。

随着行业竞争的日渐激烈，像我们这样发展远远落后于现在的智能化、互联网化大趋势的传统公司有很多，公司生存前景不明朗。我们的最大困境是产品没有市场，因为除了惠普原装硒鼓，硒鼓市场极少有其他被公认的品牌。

曾经有同行试图通过新的营销策略推广自己的品牌，但效果甚微。普通用户硒鼓需求量小，而需要大量硒鼓的公司或机构通常都是招标采购。因此，广告投入对提升销量的作用不大。

我们尝试了很多转型的方法，例如取消中间商，改为直营或电商渠道；延长服务链条，开辟打印机维修业务等，但最终都因为行业市场特点、自身资源和能力有限等因素失败。

走过许多弯路后，我们痛定思痛，沉下心来认真分析，最后从用户需求的角度挖掘出了创新的空间。

通过研究用户构成，我们发现占硒鼓使用量 70% 的用户是那些打印量大的窗口单位，例如银行、保险公司等，而这类单位负责物资采购的通常是行政部门。

大型单位采购与使用硒鼓，通常要经过以下流程，如图 10-1 所示。

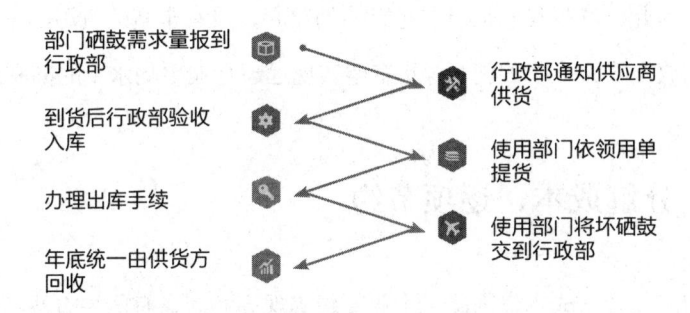

```
部门硒鼓需求量报到           行政部通知供应商
行政部                      供货

到货后行政部验收            使用部门依领用单
入库                        提货

办理出库手续               使用部门将坏硒鼓
                           交到行政部

年底统一由供货方
回收
```

图 10-1　大型单位采购与使用硒鼓的流程

使用部门从产生需求到实际拿到硒鼓，至少要经过一周的时间。而且行政部和使用部门要腾出专门的空间来存放这些硒鼓，还会产生库存费用。

我们根据这一现状，改变了思维，由独立经销商推测时间点主动上门给用户补货。这样一来，用户就不需要库存，也不用建立出入库程序，可以节约原本用于这些工作的时间和资源。

我们还设计了一个产品箱，在箱子内装上一个月用量的硒鼓，同时在每一个硒鼓上贴上条形码，用户第一次使用硒鼓之前需要扫一次码，以此让我们收到使用消息。通过这种方式，我们可以定期上门服务，对用完的硒鼓补货，回收坏硒鼓以及检修没用完的硒鼓。

紧接着我们又与第三方公司开展推广合作，在箱子内配上第三方公司的宣传单、优惠卡券和试用装等，从中收取配送服务费，将产品箱变成了一个定向宣传渠道。这些赠品既为我们带来了额外收入，又为用户带来了惊喜感。通过这些额外的收入，我们有了降低硒鼓价格的资本，在采购招标时占有了竞争优势。

通过对用户的分析，结合需求不断创新，我们最终实现了产品转型，找到了解决方案与新的价值空间。很快，公司的利润率就超过了 10%，走出了困境。

从这个案例我们可以明白，利润率不是行业决定的，而是由公司的能力决定的。因此，就算我们是白手起家的创业者，没有丰富的资源与渠道，但只要我们放宽眼界、敢于创新，也有望实现远超行业平均水平的高利润率。

10.2 分解成本，逐项节约

利润＝收入－成本，因此，企业要想实现高利润，有两种方法：一是增加收入，二是降低成本。同时，降低成本也会相应地减少风险。

那么，创业者具体应该怎么做，才能将成本分解，并逐项节约呢？如图10-2所示。

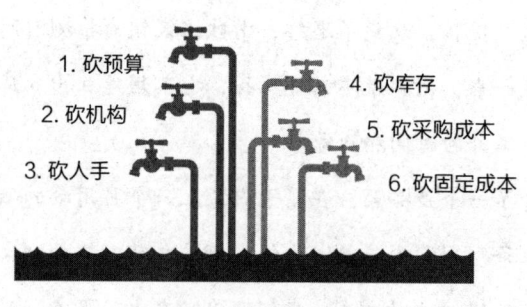

图 10-2　企业如何砍成本

1. 砍预算

创业者要设立预算制度，同时要保证预算制度有法律效力。

预算是对公司目标的具体化，通过对未来发展的周密安排，预设后期出现变动时应对的方案，给予公司经营的依据。

因此，砍预算也是对公司主要发展方向的又一次精细评估。

2. 砍机构

创业者砍机构时要"快刀斩乱麻"，要引导全体员工参加进来，引入

"利润导向，用户导向"的理念，组织全体员工进行学习和研讨。

创业者要优化产品研发、销售、订单交付这三大流程，将机构扁平化设置，不设副职，由副总兼部门正职，明确职责。

创业者同时还要减少组织机构层级，对每个岗位进行量化，把每个部门都变成利润中心。

3. 砍人手

美国人力资源管理协会做过一个统计，在由三个人组成的一个团队里面，有一个人是创造价值的；有一个人是没有创造价值的，是平庸的；还有一个人是创造负价值的。

这并不是耸人听闻，因为工作中并不是"众人拾柴火焰高"。招聘人数增多，培训成本提高，团队绩效并不会等比例上升。所以，不要盲目地招人。同时，创业者要给每个员工设定明确的目标，用可以量化的指标进行明确的考核，减少人力的浪费，确保砍人手实现 $10-1>10$ 的效果。

4. 砍库存。

创业者要设定最高、最低库存标准，尽量做到零库存，例如循环取货，与供应商保持顺畅沟通；与供应商建立良好关系，确保优先送货等。

5. 砍采购成本

砍采购成本时，创业者要关注三个核心：业务、产品、用户。在不影响公司正向发展的前提下，有分寸地砍采购成本。

需要注意的是，砍采购成本要站在整体经营的角度综合权衡各项指标，不要一味追求低价而忽视其他成本，如运营成本、时间成本等。如果为了迎合廉价供应商的时间而打乱自身项目的节奏，将会造成一系列的负面影响，得不偿失。

6. 砍固定资产

固定资产会占用公司大量的资金，不管是否使用，固定资产都会产生大量的折旧与磨损。而且随着技术的升级，固定资产也要不断更新，产生更多维护、修理的费用。

除此之外，还有一些隐形成本影响公司的运营，控制了这些隐形成本，就能产生更多净利润。常见的隐形成本主要有以下八种。

1. 会议成本

会议是公司解决问题和发布指令的集体活动，但处理不当也会产生很高成本。

会议往往是多人乃至全体员工参与的集体活动，所以某种意义上会议消耗的时间＝会议时间 × 与会人员数量。如果会议没有准备充分、主题不明确或时间控制不好，消耗的成本是非常高的。

2. 沟通成本

沟通是公司运营的重要环节，沟通到位，员工的执行力才能上升。一旦员工之间的沟通出现"失真"现象，项目就很难有所进展。

如果交接工作的人词不达意、答非所问，再加上每个人的思维方式不同，最终就可能会导致结果与项目的目标南辕北辙。更可怕的是，如果在接受上级指令时就会错了意，那么后续的很多工作都可能是无效的，这不仅浪费了大量的时间与人力，还有可能错过很重要的机会。

3. 加班成本

创业者需要明确一个概念：加班并不等于敬业。

员工加班有两种情况：一是工作任务过重；二是员工的工作效率低下，无法在规定时间内完成应有的工作。

针对情况一，创业者要考虑是否需要招进新人，或调整、优化员工的工作结构；针对情况二，创业者要考察员工是否有提升能力的空间，再决定是继续培养、更换岗位还是用新人替换。

总之，公司应该尽量减少员工加班的现象。因为加班会耗费员工更多的体力与精力，员工在精力不足的情况下工作的效率会更低，无法按时完成工作，只能继续加班，这样形成一个恶性循环，最终很可能为公司带来隐患。

例如很多新闻报道的机械操作工因长期加班导致疲累，在操作机械时造成事故，最后付出代价的还是公司。

创业者要把多余的成本当成毒瘤砍掉，不断向员工灌输降低成本的重要性，全员树立节约意识，将降低成本与公司发展密切联系起来，最终实现高利润率。

10.3　跨界融合，寻找成本压缩点

产业的跨界融合发展是新一轮技术革命最为显著的特点之一。跨界融合发展表明现有的产业正在不断突破原有产业的边界。很多突破性技术渗透进大多数传统产业，和传统产业产生各类新组合、新突破，彻底变革和颠覆传统商业模式。

大数据和人工智能等新技术将成为社会的基础设施，向各个行业渗透，带来颠覆性的突破。世界知名科技公司正围绕核心技术、顶尖人才、标准规范等方面加紧布局，无人驾驶、语音识别、机器写作、精准医疗等都已不再新鲜。

跨界融合是一种资源的重新整合与配置，可以将不同公司、不同行业的优势资源共享。这是跨界产生的物质基础，也是融合发展的一种必然趋势。

放眼产业前沿，每个创业者都必须牢牢把握新一轮技术革命机遇，升级

发展理念，转换发展模式和动能，加快推进产业跨界融合发展，以成功找到成本压缩点，实现高利润。

跨界融合、降低成本包括哪些方面？我们以传统制造业为例，如图 10-3 所示。

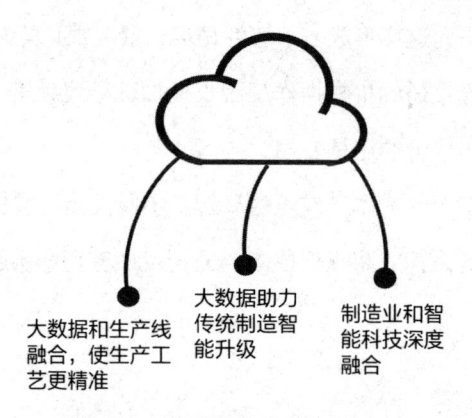

图 10-3 传统制造业的跨界融合

1. 大数据和生产线融合，使生产工艺更精准

讲述人：张先生

单位：浙江某橡胶集团

职务：总经理

讲述要点：凭借"大数据+"改进生产工艺，增加利润

为了公司发展，我们引入了"阿里云ET工业大脑"。在炼胶分厂的中央控制室中，控制器上会显示各项参数，实时显示炼胶设备的运行情况。

这些数据被实时上传到"工业大脑"，经过运算后，"工业大脑"将生产线上的各个数据整合成直观的分析图。图上的每一条曲线分别代表每一个批次的产品，通过调取曲线上70多项生产数据，管理员可以准确找到优化工艺的解决方案。

通过"工业大脑"筛选最符合生产需要的参数，把工业参数转换成工艺步骤，按照最优的工业参数制定生产流程。这样既能提高生产效率，也能使品质更加稳定。

"工业大脑"还能在短时间内通过条形码分析每一块橡胶的来源，为之匹配最优的合成方案。

2. 大数据助力传统制造智能升级

随着"互联网+""大数据""人工智能""标准化+"等逐渐向研发、生产、销售等制造业全流程渗透，传统制造正经历智能升级与全新变革。

讲述人：李先生

单位：宁波某电器集团

职务：总经理

讲述要点：大数据让我们的产品研发更精准

以空调为例，我们公司的智能空调，在用户使用时会实时将运行信息、用户的使用习惯等数据自行回传。经过对回传信息的统计、比对和分析，研发人员可以得出有效的用户画像，从而有针对性地开发新产品。

在此基础上，研发团队从大量的数据中提取出核心要素，开发出了更精准的"女性空调"。同时，在销售环节也更有针对性，最终销量突破了30万套。

3. 制造业和智能科技深度融合

浙江省启动了"10万企业上云"计划，阿里云、网易云、行业云等推进了制造业和智能科技的深度融合。

新时期的制造发展遇到要素制约的问题，必须引入新技术，进行跨界融合，实现制造业要素的转型升级。"互联网+""大数据""人工智能""标准化+"等是企业要素转变最核心的路径。

在2019年国庆联欢晚会上的烟火表演中，全球首创的3D动感烟花画卷惊艳了每一位观众。

以往的烟花只能展现出平面的图案，或根据时间差形成"伪立体"的观感。但在3D动感烟花画卷的技术创新中，开发者以独特的思维将智能机械与传统烟花进行了跨界融合，最终得以实现对烟花呈现效果的精准控制，打造出璀璨夺目的烟花。

跨界融合实现的不仅是技术创新，更多的是通过技术不断提高企业的生产效率，降低生产、销售等各个环节产生的成本，以实现公司的高利润增长。

创业者要通过不断的跨界融合，压缩成本，实现高利润。

10.4　延伸产业上下游，挖掘利润蓝海

创业者想要发现利润区，就必须以利润为中心延伸产业上下游，挖掘利润蓝海。

在发现利润区后，创业者要调整商业模式，以便寻找新的利润区，获得持续增长的动力，实现弯道超车。

讲述人：罗先生

单位：深圳某自动化企业董事长

职务：董事长

讲述要点：通过延伸产业上下游，占据行业主动权

2018年以来，我明显感觉到了机器人产业的降温。工业机器人经历过两年飙升式的发展，现在正逐步将速度降下来，进入平稳发展阶段。

机器人产业的降温，实际上是创业者和资本正变得理性，开始从长远的角度考虑行业的发展前景。

在机器人产业进入平稳发展期后，我们开始积极寻求新的发展路径。公司主要致力于机器人核心部件编码器的研发和生产，于是我们围绕自己的核心技术，向机器人产业链上下游延伸，挖掘行业的利润蓝海。

公司之前的业务只有编码器的研发和生产，我们调整了经营策略，围绕编码器向产业链上游扩展，成功研发出一款编码器专用芯片。

在这之前，行业内研发的产品搭载的都是国外的芯片。我们有了自主研发的芯片，不仅降低了产品成本，而且还获得了竞争优势，占据了行业的主动权，实现利润的高增长。

除了自主研发专用芯片，我们还推出了面向五金行业的机床，向产业链下游延伸。当然，机床所使用的就是我们自主研发的编码器。

机床的核心部件之一就是编码器，我们自己研制的编码器质量更有保证。而且我们的市场价格远低于其他厂商，价格优势更加明显。

通过延伸产业上下游，我们成功地找到了行业的利润蓝海。在同行业的其他公司还在发展机器人时，就先人一步，占据了主动权。

在中国的商业环境中，公司想要在竞争中占得先机，不仅要有优质的产品、技术、销售、服务和管理能力，还要有强大的资金力量。

一家公司在每一个业务板块上都人才济济，自然整体上就会具有高竞争力，能不断降低成本，实现高利润。

讲述人：李先生

单位：某个体商户

职位：负责人

讲述要点：擦鞋擦出大事业

商业街有很多鞋店，却很少有擦鞋店。虽然人们对擦鞋的印象还停留在早些年的街头小摊，但擦鞋其实是个很有趣、很庞大的市场。

我在开第一家门店时，不仅提供擦鞋、修鞋服务，还提供美鞋服务，能根据顾客意见为皮鞋更改颜色、将尖头换成方头或者美化磨损部位等。由于服务周到，顾客络绎不绝，我又开始拓展其他的业务。

联合上游厂家，我推出了自己品牌的修鞋机；向下拓展，我推出了与鞋相关的一系列产品，如鞋油、鞋刷、鞋垫和鞋跟等耗材，确保顾客在我这里能享受到一切与鞋有关的服务。

公司在稳定的前提下，不能满足于当前的成绩，要积极延伸产业的上下游，拓展自己的业务。不论市场如何变化，公司都要确保自己始终能够满足用户的需要。

第 11 章 现金流管理：以始为终

现金流，即现金流量，指公司在一定时期通过一定经济活动而产生的现金流入、现金流出及其总量情况的总称。

现金流是衡量一个公司经营状况是否良好、是否有偿还债务的能力以及资产的变现能力等重要指标的依据。

现金流堪称公司的血液，为防止现金流枯竭，创业者应建立完善的现金流管理体系，提高公司的市场竞争力。

11.1 现金流及现金流管理的重要性

创业者一时的决策失误很可能造成公司亏损，但这并不是致命的。大多数情况下，在公司的生死存亡关头，现金流比利润所起的作用更大，也更关键。因此，创业者需要认识到现金流的重要性。现金流对公司的具体影响如图 11-1 所示。

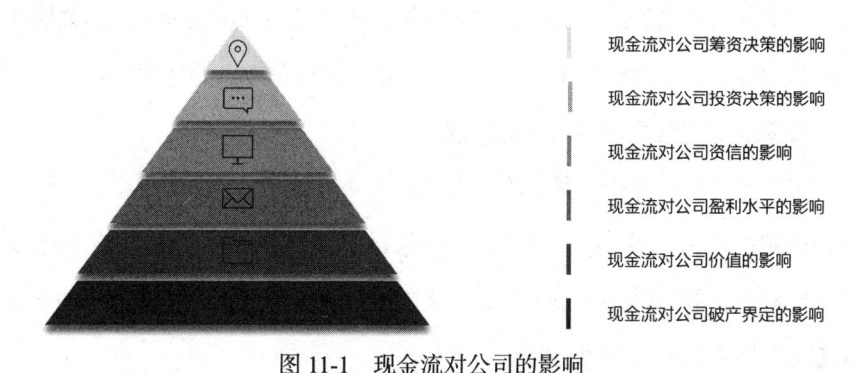

图 11-1 现金流对公司的影响

- 现金流对公司筹资决策的影响
- 现金流对公司投资决策的影响
- 现金流对公司资信的影响
- 现金流对公司盈利水平的影响
- 现金流对公司价值的影响
- 现金流对公司破产界定的影响

1. 现金流对公司筹资决策的影响

根据实际生产经营的需要，公司筹集资金的数额与公司的现金流明确相关。公司的财务状况越好，现金净流量（即现金流入减去现金流出的余额）越多，需要筹集的资金就越少。

2. 现金流对公司投资决策的影响

创业者在选择投资项目时，评价项目是否可行的主要指标就是公司的现金流。评价投资项目是否可行的方法有两种。

一是动态法。以资金成本率（单位时间内使用资金所需支付的费用占资金总额的比例）为折现率，进行现金流折现。若现金净流量大于 0 或现值指数大于 1，则说明该投资项目可行；反之，则绝对不可投资。

二是静态法。投资项目的回收期，即原始投资额除以每年现金净流量，若结果小于预计的回收期，则投资方案可行；反之，则不可行。

3. 现金流对公司资信的影响

公司运营越稳定、风险越小、不确定性越小，其资信等级越高。想要维持这种局面，就需要有健康、稳定的现金流来偿还债务。因此，一旦现金流枯竭，公司无法按期偿还债务，也就无法维持正常的运营。

同时，公司资信等级也会随之下降，以后很难获得银行的贷款。因为创业者在向银行申请贷款时，银行方会审核公司的盈利状况及现金流，并以此为标准评估贷款能否到期收回，从而决定是否通过创业者的贷款请求。

4. 现金流对公司盈利水平的影响

创业者要保持健康的现金流来运营公司，但如果囤积太多现金，也会影响到公司的盈利。因为虽然现金流动性很强，但本身只能产生很少的利息收入，囤积过多的现金会使公司损失一定的机会成本。而且公司在不同的发展时期，对现金流的需求也不同。

因此，为了使公司利益最大化，创业者需要咨询理财人员如何在现金流动性与收益性之间做好平衡，寻求每个时期的最佳平衡点。

5. 现金流对公司价值的影响

公司的现金流越充足，外界对公司的资产（如股票等）估值就会越高，公司的价值越高，投资风险也就越小。因此，现金流是评估公司价值的决定性因素之一。为了使公司价值最大化，创业者应认真理财，慎重看待现金流。

6. 现金流对公司破产界定的影响

《中华人民共和国企业破产法》第二条规定："企业法人不能清偿到期债务，并且资产不足以清偿全部债务或者明显缺乏清偿能力的，依照本法规定清理债务。"第七条第一款规定："债务人有本法第二条规定的情形，可以向人民法院提出重整、和解或者破产清算申请。"也就是说，公司即使正在盈利，但是以现金流来分析，无法以公司资产清偿到期债务或不能在长期内持续偿还债务，也处在破产的边缘。

很多公司，尤其是刚刚起步的小公司，都是失败于现金断流。为了避免这种情况的发生，创业者不仅要重视现金流，还要衡量现金流管理是否有效。

衡量现金流管理是否有效的最简单、最直接的指标就是现金流转换率。

现金流转换率＝经营活动产生的现金流÷净利润×100%

当一个公司的现金流转换率在 90% 左右时，证明公司的现金流健康，有持续且稳定的新增现金供公司的日常运营和周转。如果现金流转换率过低，则意味着公司的现金流管理比较低效，公司运营也面临着高风险。当然，如果现金流转换率过高，如超过 200% 甚至 300%，那也说明公司没有合理安排现金，导致现金流管理变得低效。

有效的现金流管理十分必要。很多时候，不仅创业者关注自己公司的现金流，外界投资方、合作方、竞争方也会关注创业者公司的现金流。因此，创业者也应放开自己的眼界，关注对方的现金流。

创业者在与新的供应商或客户交易时，应先评估对方的现金流。在与合作过的供应商或客户再次交易时，也应关注对方的现金流。一旦发现对方现金流有严重问题，创业者应果断中止合作。否则供货周期或回款周期延长，很可能会拖垮公司。

创业者在考虑公司战略走向或扩展投资时，要先考虑是否有足够的现金，将风险控制在可控范围内。否则一旦收购或投资失败，现金流枯竭，就会反噬自身。

在经济风暴来临时，创业者更要关注公司的现金流。如果资金被困，创业者可以采取保护性措施，如削减库存、减少开支、降低薪酬福利等，使公司尽快脱离困境。创业者还可以结合对竞争对手或客户的现金流分析，制定相应的决策，从中受益。

讲述人：李先生

单位：某消费品公司

职务：负责人

讲述要点：通过对竞争对手的现金流分析，展开了低价竞争

我创业两年后，市场经历了一场不大不小的冲击。为了应对这一挑战，我采取了低价的策略吸引用户。促使我做出此决策的是竞争对手的状况，由于现金流管理不善，在经济下滑中，竞争对手公司的资产实力较弱，因此，它没有精力也没有能力跟我打价格战。

于是，我将商品的价格调至足够吸引新用户，又能保证工厂正常运作的平衡点。这样做虽然降低了盈利率，但是盈利可以在其他产业线上补回来，

总体来说并没有什么损失。

竞争对手虽然知道我的计划，但苦于资金受限，无法与我同步降价展开竞争，最终只能眼睁睁看着业务流失，而我因此得以进一步扩大市场。

创业者要重视现金流和现金流管理，不要被眼前的盈利迷惑而忽视身后的各种债务，以免在表面的繁荣下走向破产的深渊。

11.2　读懂三大财务报表

基础的财务报表主要有三大类型：资产负债表、损益表和现金流量表。

资产负债表又称财务状况表，能反映公司在一定期限内的财务状况，可以让创业者在最短时间内了解公司的经营状况，如资产多少、是否负债等。

损益表也被称为利润表，是反映公司在一定时期（如月份、年度）内经营成果的报表。创业者可以从中看出公司在相应时期内是盈利还是亏损。

现金流量表反映公司在某一固定期间（每月或每季）内，现金的增减变动情形。现金流量表可以用来分析一家公司短期内是否有足够的现金用于开销。

从时间属性上看，损益表、现金流量表属于期间报表，反映的是公司在某一段时期内的经营业绩；资产负债表是期末报表，反映的是报表制作时企业的资产状况。

资产负债表、损益表和现金流量表是密切相关的。下面通过一个例子来阐述现金在三个表中的走向。

A 贷款 30 万元买了一批苹果，卖给了 B。由于 B 暂时没钱，A 同意 B 先把苹果拉走，三个月后付款。此时对 A 来说：

资产负债表：应收账款一栏是 +30 万元，即 A 的资产增加 30 万元，因为交易已经完成，收入是确定的。

损益表：销售收入一栏同样 +30 万元，因为实际销售已经发生，收入是确定的。

现金流量表：现金流入为 0，因为 B 没有付款，因此没有产生现金流。

三个月后 B 如约付款，此时 A 的财务报表中：

资产负债表：应收账款一栏为 0，银行存款 +30 万元。

损益表：不变。

现金流量表：现金流入 +30 万元。

由上述例子可以看出，三张报表以一个三维立体的方式展现出一家公司的财务状况，利用它们，就能从多个角度对公司的经营业绩做出分析。

一个财务报表和另一个财务报表的项目之间存在内在逻辑上的对应关系，这种关系被称为钩稽关系。如果钩稽关系不相等或不对应，则说明财务报表编制出现了问题。

钩稽关系主要有两种：一种是表内的钩稽关系，指表内各项目之间数值的加减，检验数值是否正确、汇总是否有误；另一种是表间的钩稽关系，一张报表的某一项或几项数值与另一张报表中的某一项或某几项数值有一个确定的、可以用公式来验证的关系，创业者可以通过这个方法来验证报表数值的准确性。

先来看一下三大财务报表表内的钩稽关系。

资产负债表主要反映的是制作报表时公司的资产负债状况，所以关键点在于报表的时间。相差一天的资产负债表内容上可能天差地别。

资产负债表中最重要的一个钩稽关系就是资产（公司目前拥有的）= 负债（公司负债）+ 权益（公司自有资本）。

对于损益表，需要注意的是其制定周期是一个月、一个季度，还是一年。损益表中最重要的钩稽关系是利润＝收入－成本，这个很简单，在此不做赘述。

现金流量表与损益表相同，也有制定周期。表中最重要的钩稽关系是现金净流入＝现金流入－现金流出。

了解表内关系后，我们再来看一下这些表的表间钩稽关系。

1. 资产负债表与损益表之间的钩稽关系

资产负债表是时点报表，损益表是时期报表，两个不同时间点之间是一段时期。因此创业者选出损益表对应时期的开始与结束的时间点，并找出对应的资产负债表，用结束时间点的资产负债表中的未分配利润数减去开始时间点的资产负债表中的未分配利润数，结果应该等于损益表中的未分配利润项。

未分配利润就是公司在减去成本、费用后的净利润，公司产生的经济效益是由未分配利润体现的。

2. 资产负债表与现金流量表之间的钩稽关系

资产负债表中的现金、银行存款及其他货币资金等项目的期末数减去期初数，应该等于现金流量表最后的现金及现金等价物净流量。

顾名思义，现金等价物就是可以被当作现金来看待的物品。这是由于它们可以随时变现，和现金没有太大差异。现金等价物主要包括短期投资，以及可以马上变现的长期投资等。

3. 损益表与现金流量表之间的钩稽关系

损益表与现金流量表的相同点是同为时期报表，不同点是前者反映一段时期内公司的利润情况，后者反映一段时期内公司的现金流量情况。

损益表与现金流量表最本质的区别是对经济活动的认定方式。在会计核算中有收付实现制与权责发生制两种计量基础。现金流量表对应前者，损益表对应后者。

收付实现制以真实的收入、支出为依据，不细究这笔钱是否由收付当期承担。

权责发生制以经济业务的实际发生为依据，以收入或支出以是否应该由当期负担为基准。

例如本月收入一笔钱，结的是上个月的订单，在收付实现制中，这笔钱属于这个月的收入，而在权责发生制中，这笔钱属于上个月的收入。

创业者在熟悉三大财务报表间的钩稽关系后，能明确了解公司的盈利点在哪里，可以借此进行改善，做好成本控制，提高产品的毛利率。另外，创业者还能通过财务报表清楚公司的财务状况、现金来源与走向，可以更好地制定公司未来的战略。

11.3 监控三个关键指标

回款周期、存货周转率、付款账期，这三个关键指标是现金流传递的信号。创业者时刻监控这些指标，就能在为公司发展做决策时做到有据可依。

1. 回款周期

回款周期一般是指自发货日起到收款日的天数。一般来说，供应商会给合作方提供一定的信用额度，如果产品价格在信用额度内，合作方不用付款就可以直接进货，但是在规定期限内必须付款。

回款周期过长会给供应商带来资金负担和经营风险。在向上游商家付完现款后，一旦下游商家拖延回款，很容易导致公司现金流缩减，资金周转不畅，对公司运营造成负面影响。

同时由于回款未到账，创业者也无法对公司经营情况进行准确评估，业绩无法统计，资金使用率也无法计算。

要想加快回款，有以下四种方法，如图 11-2 所示。

限量发货法　　明细算账法　　协销回款法　　回款管理制度化

图 11-2　加快回款的四种方法

（1）限量发货法。创业者对于信用额度不高的合作方可采取货物限量供应的方法催促对方付款。创业者可以只先提供一定量的货物，待对方补足货款再及时补充供货量。

（2）明细算账法。有些公司进货较少，会以达到一定数额后统一回款为理由拖欠款项。对于这种情况，创业者要在合同上弥补漏洞，然后根据合同规定及账目明细来催促对方还款。

（3）协销回款法。客户被别人拖延回款或经营困难时，创业者在有能力的情况下，可以帮助客户收回一些欠款或帮助其分析市场，制定促销方案等，以充分保障双方的利益。

（4）回款管理制度化。一些公司的销售计划通常只对销售额、市场占有率等做出明确的规定，却忽视了对回款任务的管理。

回款管理制度化可以对回款工作的各个环节，诸如目标设定、激励制度、评估和指导以及技能培训等方面做出明确的规定，使回款工作有规可循，增强执行力。

2. 存货周转率

存货周转率是公司在一定时期内主营业务成本与平均存货余额的比率，计算公式为：

存货周转率（次）=销售（营业）成本÷平均存货

平均存货=（年初存货+年末存货）÷2

存货周转率（天）=360÷存货周转率（次）

下面用具体的例子进行详细说明。

某公司某年营业成本为360万元，当年年初存货余额为90万元，年末存货余额为110万元，则其存货周转率为：

存货周转率（次）=360÷[（90+110）÷2]=3.6（次）

存货周转率（天）=360÷3.6=100（天）

存货周转率（次）越高，表明公司的存货周转速度越快，流动性越强；反之，存货周转率（次）越低，存货周转速度越慢，证明公司存货储存过多，有积压现象，会因此消耗更多的资金。

存货周转率可以用来评估公司存货的流动性及存货资金占用量是否合理。创业者重视分析存货周转率可以促使公司提高资金的使用效率，增强短期偿债能力。另外，存货周转率还可以用来评价公司的经营业绩。

分析存货周转率的目的是，从不同的角度和环节找出公司在存货管理中存在的问题，在保证公司生产经营连续性的同时，尽可能地少占用经营资金。

一般情况下，一个公司的存货周转速度越快，说明公司存货方面的资金从投入到完成销售的时间越短，资金的回收速度越快。

3. 付款账期

付款账期是指从生产商、批发商向零售商供货，直至零售商付款的这段时间周期。付款账期的本质是零售商利用时间差对供应商资金的占用。

零售商具有规模优势并且拥有终端用户，只需投入少量的启动资金，就能从供应商那里得到产品，将自己的业务运作起来，再用赚来的钱付前期账款。

但是对供应商来说，它们承担着零售商失败的风险。处在中间位置的供应商，既给上游生产商付了现款，又不能从零售商那里及时回收货款，一旦现金流无法支撑，或者合作的零售商出现问题，公司就将毁于一旦。

11.4 如何控制现金流出量

现金流无论在什么时候都是很重要的，如果公司无法将其维持在健康状态，那么公司正常的运营活动就会受到影响，到期债务也可能无法偿还，最终不得不清算甚至破产。

因此，在保证公司正常运营的情况下，创业者要管理好现金流，尽量控制现金流出量，避免不必要的浪费，从而确保公司有足够的资金去解决可能面临的种种问题。创业者可采用以下四种方式控制现金流出量，如图11-3所示。

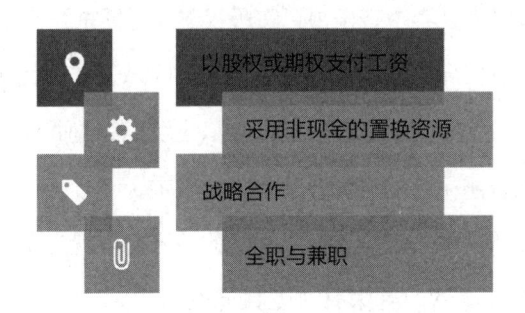

图 11-3　控制现金流出量的四种方式

- 以股权或期权支付工资
- 采用非现金的置换资源
- 战略合作
- 全职与兼职

1. 以股权或期权支付工资

初创公司可以以股权或期权来支付工资，这样一来，所有的员工基本上都是公司的股东。而且将公司利益与员工的利益捆绑在一起，不仅可以极大地激发员工的工作热情，使他们积极、主动地完成工作，还能减少公司的现金支出。

在华为第一次陷入危机时，任正非选择将手中的股份剥离，按照在职员工的工龄和级别，实行员工持股制。这一举措迅速稳定了"军心"，促使留下来的员工都全力以赴地工作。

那个艰难的时期也是华为"床垫文化"最兴盛的时期。问题解决小组或研发团队成员常常拉个床垫就睡在工作现场。根据天眼查在2022年8月公布的数据，任正非个人持股比例已降至0.65%。直到现在，任正非所推崇的员工持股制也依然在激励着每一位华为员工。

2. 采用非现金的置换资源

创业者应利用好自身资源，利用非现金置换资源能有效减少公司的现金流出量。

对于严重依赖版权资源的音乐行业来说，曲库是核心竞争力。没有人愿意在手机上下载多个软件听歌，一个音乐平台的曲库越全，能留住的用户就越多。因此一直以来，各个音乐平台在版权方面"厮杀"惨烈。

直到在国家版权局的推动下，腾讯音乐与网易云音乐就网络音乐版权合作事宜达成一致，宣布相互授权音乐作品，达到各自独家音乐作品数量的99%以上，国内音乐平台的格局才基本尘埃落定。

这个消息公开没多久，身处第二梯队的多米音乐就宣布，暂停多米音乐App客户端的内容运营。这家有过无数光荣历史，被称为"在线音乐第一股"的平台倒闭了。

越是在市场上占据优势的公司，越要懂得如何把握自身资源，将自身利益最大化。

3. 战略合作

战略合作指双方或多方为了自身的生存、发展而进行的具有整体性、长远性，能够实现共赢的一种合作方式。公司之间进行战略合作可以增强双方的竞争力，提高经营效率。同时，还能扩大信息搜集范围，降低获取信息的成本。

4. 全职与兼职

在公司发展早期，创业者需要的是有能力、不掉链子，能够与公司共进退的员工。因此在公司发展早期，创业者对员工的选拔都很慎重。

但是有些工作可以聘请兼职员工来做。兼职员工的特点是成本低，但不保证工作效率，而全职员工的培养成本较高。创业者可以综合考虑兼职与全职员工的优劣，选择招聘更适合的员工。

从招聘员工到与别的公司战略合作，创业者都可以从中找到节流的方法。但需要明确的是，控制现金流出量是为了更好地运营公司，一切都要以公司的长远发展为目标。

11.5　区分增值和非增值活动

公司的增值活动与非增值活动是站在用户角度划分的。增值活动是指将原材料或信息转化为用户所需要的、能够为用户创造价值的活动，例如生产用户需要的产品，为用户提供服务等，反之则为非增值活动。

虽然非增值活动同样需要时间、空间和材料，但是最终没有为用户创造价值，因此用户不会为其买单。非增值活动又分为必要的非增值活动与不必要的非增值活动（也称为浪费）两种。

产品设计图调整与优化、产品返修等必要的非增值的活动多数发生于支持部门，不必要的非增值活动则包括繁杂的审批过程以及冗长的会议等。

据研究统计发现，公司在生产运营过程中，增值活动所占比率仅为5%，必要的非增值活动占比为60%，其余35%均为不必要的非增值活动。

因此在经营过程中，创业者应尽量减少必要的非增值活动，消除不必要的非增值活动。用户只会关注产品的功效，其余成本越高，产品本身价格就会越高，对用户的吸引力也就越小。

日本丰田生产方式创始人大野耐一经过长期的实践，把公司生产过程中的浪费现象归纳为以下七种：纠错、过量生产、过度加工、物料搬运、等待、库存以及过程。

1. 纠错

不良品的出现会造成材料、设备和人工的二次付出，还需要工作人员额外进行修复、追加检查等工作。另外，不良品还会造成货物不足、出库延迟，进而导致用户取消订单、公司信誉下降等一系列后果。

因此，在制造过程中，创业者对不良品要采用不制造、不流出、不接收的三不原则，避免因不良品而造成的严重后果与纠错浪费。

2. 过量生产

很多创业者认为多生产产品可以提高效率，但其实过量生产才是最大的浪费。因为公司真正的利润来源于销量，生产大于订单量的产品但最终没有销售出去，只会增加库存。因此，工厂要做到提前预测生产量，不过量生产。

3. 过度加工

多余的加工或过分精确的加工都属于过度加工，会造成多余的作业时间、生产用电、油等的浪费。虽然工作工时、管理工时增加，但并没有给产品带来增值。

4. 物料搬运

搬运的损失有在搬运过程中放置、堆积、移动、整理等人力的浪费，也有占用空间、时间等资源的浪费。

5. 等待

在生产过程中，由于分配作业不均衡、计划不当，造成部分生产线无事可做，在等待中浪费时间。例如生产线作业分配不均衡造成的劳逸不均，某些环节因为缺乏材料等造成无法工作。

6. 库存

生产所需的零部件、半成品、材料，生产完成还未发出的成品，或已经向供应商订购的在运输中的零部件等都会占用库存，并且库存量越大，公司被积压的资金就越多。

此外，库存积压不仅会产生额外的管理费用，还面临着成品无法卖出导致的价值衰减、变成废品的风险。

7. 过程

过程浪费是由于管理人员传达不清、认知错误或技术不足等造成生产过程中效率低下或发生问题后再补救的浪费行为。

产品的三要素是售价、成本和利润，三者之间的关系是售价＝成本＋利润。不同的公司对这三个要素追求的侧重点不同，相应的经营理念也就不同。

有的公司以成本为中心，一旦公司生产产品的成本上升，为了获得应有的利润，创业者会选择将售价提高。

这种经营理念是成本决定售价。售价受市场影响，并不可控，一旦售价涨到不被市场接受的范围，维持原价就会减少销量，降低售价就会亏损。

有的公司以售价为中心，售价被市场影响时，在成本不变的情况下，利润会随着售价的提高而增加，随着售价的降低而减少。售价是不可控的，因此公司的利润也不可控。

有的公司以利润为中心，当售价被市场压低时，为了保持稳定的利润就要降低成本。当售价被市场抬高时，则保持成本不变或者依旧降低成本，这样可以获得更高的利润。

前两者的经营理念相对消极，受客观因素影响较大，除非转型生产垄断产品，否则发展前途堪忧。而利润中心型公司则积极主动，不论市场如何影响售价，都能保持自己的利润。之所以能做到这一点，是因为公司主观控制了成本。

成本有材料费、人工费和设备费等，这些成本价格由市场决定，而库存金额、人力投入和设备购买等则由公司内部决定。

在区分了增值与非增值活动后，创业者能更好地削减不必要的非增值活动，降低成本，谋求利润，促进公司发展。

11.6　现金流管理的七大法则

现金流是企业的生命线，因此，创业者为了保持最佳的现金流，应该在降低风险与增加收益之间寻求一个平衡点。下面介绍现金流管理的七大法则。

1. 妥善处理应收账款和应付账款

创业者可以通过缩短现金周转期、压缩收账流程、对现金进行集中管理和尽快索要应收账款等方式来加强现金流管理。另外，减少现金流出也很重要，比较好的方法有设立单独支付账户及零余额账户、适当延长付款时间等。

2. 兼顾收益性与流动性

创业者要根据自身情况设定一个现金最佳持有量，如果公司持有的现金超过这个量，则意味着公司的现金流比较充足。此时创业者可以用多出来的现金进行投资理财。

3. 延期支付原材料费用

在与原材料公司第一次合作时，创业者为了表示自己的诚意，也为了促进双方之后的合作，往往会提前支付货款。但当双方建立了比较稳定的合作关系后，创业者就可以尝试与对方协商，将付款方式改为"先收货再付款"。但需要注意的是，创业者不能因此就随意拖欠货款，而应该按照合约上的规定及时按期付款。

4. 提前收取产品账款

为了维护自己的利益，创业者应该在客户支付完全部货款后再让对方提货。如果是合作时间长、信用等级高的客户，创业者可以先让它们支付定金（定金不得低于成本），等到确认收货后再向它们索要剩下的货款。在这个过程中，创业者要随时关注客户的收货和付款情况。

5. 尽量不自己购买大型设备

有些公司在盈利后会立刻添置一批大型设备，其实这样的做法比较鲁莽。大型设备会迅速消耗公司的现金流，创业者不能因为一时的短视让好不容易盈利的公司就这样濒临破产。所以，创业者要尽量租用大型设备，这样可以减少成本，把省下来的钱放在能创造更多价值的地方。例如，很多游戏公司最开始做网络游戏运营时，都会选择租赁服务器或机房，这样可以在前期减少一定的资金投入。虽然整体成本可能稍高一点，但可以保证公司有足够的现金流用于运营。

很多创业者会对比租用大型设备的成本与购买大型设备的成本。虽然从长期来看，肯定是购买大型设备比较划算，但公司要长时间地正常运转，才能持久发展下去。如果创业者不顾眼下情况，盲目采购，就可能会导致公司现金流枯竭、无法运营，最终被银行债务拖垮。

6. 按季度支付奖金

无论什么时候，创业者都绝对不可以无故克扣员工的工资，但奖金是可以按季度支付的。如果创业者把奖金暂时留在公司，不仅可以增加现金流，还能维持公司的良好运营。此外，按季度发放奖金可以给员工一定的激励，也会在一定程度上避免员工随意离职。

7. 不要随便接远超公司生产能力的订单

创业者都想拥有源源不断的订单，这样公司才能有营业额和利润。但是，面对远远超出公司生产能力的订单时，创业者应冷静下来，认清现状，理智做决定。很多创业者在面对诱惑时，容易被利润冲昏头脑，接下根本不适合公司的订单。这样不仅会使员工怨声载道，还可能因为完不成任务影响公司信誉，导致公司不得不付出巨额赔偿，最终得不偿失。

当然，错过大的订单也是很可惜的。如果创业者有靠谱且相熟的同行，可以选择先接下这个订单，然后将部分工作转包给同行。这样就可以与之共同承担风险，达到合作共赢的效果。

总之，在公司管理中，创业者一定要提高对现金流管理的重视，并采取相应的现金流管理措施。具有科学性和可实施性的现金流管理措施，能有效提升公司经营效益，预防财务危机。

11.7 选择合适的现金流管理模式

现金流管理是一个涉及采购、销售、收付款、生产以及财务等各个环节和部门的系统工程，因此创业者不仅需要重视，更要制定完善的制度，使各部门人员更好地执行与配合。

现金流管理的方法和理论很多，创业者不必全都掌握，只需根据自己公司的发展情况选择最合适的模式。以下介绍三种常见的现金流管理模式，如图 11-4 所示。

图 11-4　三种常见的现金流管理模式

1. 防守型战略管理模式

防守型战略管理模式适用于发展稳定的公司巩固自己的业绩与成果，强调提高效率、平稳发展。

防守型战略管理模式的主要特点是强调对现金流出的控制，不需要创业者刻意提高现金的流入。在保持公司稳步发展的同时，通过内部调整，如处置资产或精简业务，来提高现金的流动性。在此基础上，明确公司产品的市场份额与销量，将现金优先集中在优势产品上，通过减少不必要的新项目开发来改善现金流紧缺的状况。

需要注意的是，防守型战略管理模式是通过自我修剪、内部调整来获得稳定的现金流，所以并不能促进公司发展，甚至会在一定程度上限制公司的发展。创业者需要根据公司当前规划选择是否采用这一战略管理模式。

2. 激进型战略管理模式

激进型战略管理模式适用于锐意进取、快速发展中的公司,特点是追求新市场、新产品和新技术。

市场是不断变化着的,新技术源源不断地产生,无数创业者想抢占新的市场。开拓新市场,研发新产品、新技术都需要大量的资金支持,而仅靠公司的现金是不够的,因此创业者需要筹集资金。

公司现金流良好,估值就会较高,筹集资金也会相对容易。创业者可以通过大量发放新股或寻求投资,帮助公司快速筹集资金,充分发挥财务杠杆作用,解决公司因现金流产生的供需矛盾。

激进型战略管理模式可以帮助公司大幅拓展市场规模,吸引投资,但如果新产品研发失败或投资失利,就很容易使公司陷入高负债困境,因此创业者需谨慎采用这一战略管理模式。

3. 调整撤退型战略管理模式

调整撤退型战略管理模式适用于出现经营困难的公司,这时公司的现金流无法满足正常的运营,创业者需要根据情况调整战略。

公司可以通过控制预算、剥离或变卖资产以及大幅削减现金支出等措施提高资产流动性,改善现金周转困难的状况。

讲述人:何先生

单位:某培训机构

职务:负责人

讲述要点:抓住核心问题,才是发展的重点

我毕业后朝九晚五地工作,工资却是杯水车薪,于是我打算创业,开一家营销培训机构。

营销培训机构的利润很高，开业半年我就还清了创业贷款，之后生意也很红火。两年后我积攒了一些钱，想换一个更好的地段，但房租和装修基本上要花去大半的积蓄。

接下来一年我又攒了一些钱。有同行将培训机构办公场地进行了翻修，外在档次提高了很多，也吸引了不少学员，于是我也打算再将办公场地精装修一下。可这样一来，刚攒下的积蓄不仅不够，而且还留不下足够采买以及日常生活的资金。

看起来这几年我的培训机构一直在盈利，但这样下去，就会入不敷出。于是我决定通过提高培训质量留住学员，先放弃换址和装修，等到积累了足够的资金再做决定。

在调整战略时，创业者需要明确放弃的部分，抓住自己的核心竞争力部分。

此外，创业者还可以采取一些短期措施，如资产剥离、股权转让或严格控制现金流，让公司回到正常的发展轨道上。只有保持充足的现金流，才能支撑公司的未来发展。

创业者可以对公司进行评估，确认公司现在的发展阶段、遇到的瓶颈以及未来的目标等，根据这些因素选择最合适的模式，对公司的现金流进行系统的梳理，来迎接未来的变化。

第 12 章　贷款经营：冷静应对危机

在经营公司的过程中，有时候只依靠公司的资金可能无法确保公司的正常经营，这时就需要贷款来保持公司的正常运转。然而，贷款有风险，创业者也要了解在贷款中遇到危机时，应该如何应对。

12.1　面对威胁、恐吓，不要自乱阵脚

在创业过程中，创业者可能会遇到被威胁、恐吓的情况。这时如果创业者因为没有经验而自乱阵脚，就很容易被对方牵着鼻子走，掉入对方的陷阱。为了避免这种情况的发生，创业者应该保持头脑冷静，沉着地解决问题。

创业者要明确一点，恐吓行为是触犯法律的，情节严重的还会构成刑事犯罪。《中华人民共和国治安管理处罚法》第四十二条规定：

有下列行为之一的，处五日以下拘留或者五百元以下罚款；情节较重的，处五日以上十日以下拘留，可以并处五百元以下罚款：

（一）写恐吓信或者以其他方法威胁他人人身安全的；

（二）公然侮辱他人或者捏造事实诽谤他人的；

（三）捏造事实诬告陷害他人，企图使他人受到刑事追究或者受到治安管理处罚的；

（四）对证人及其近亲属进行威胁、侮辱、殴打或者打击报复的；

（五）多次发送淫秽、侮辱、恐吓或者其他信息，干扰他人正常生活的；

（六）偷窥、偷拍、窃听、散布他人隐私的。

法律的作用是保障人民安全，所以创业者在面对恶势力时不要慌张，不要因为害怕对方的胁迫而选择一味顺从。面对他人的威胁、恐吓，创业者必须清楚它的源头。

首先，创业者应该确认对方的身份。

如果对方明面上放话威胁，创业者可以当面、及时地将矛盾说开；如果当时的氛围很差无法达成和解，对方的态度又比较偏激，创业者可以事后再与对方联系协商或托人从中斡旋。

如果对方匿名威胁，创业者就需要认真揣度对方身份，小心验证。如果是电话威胁，创业者可以分析对方说话的语气、停顿的习惯；如果是文字威胁，创业者可以看笔迹或分析对方的用字习惯。

其次，创业者应该明确对方的目的。

在确定了对方的身份后，对于对方的目的，创业者也就有了相应的思路，例如，合作伙伴可能因财产纠纷而威胁创业者，竞争对手可能会在利益驱动下威胁创业者。

在一段关系中创业者可能处于劣势，但这不代表对方采取暴力时，创业者就要逆来顺受。例如，在创业过程中，由于资金运转不周，创业者暂时无法给供货商支付货款。在提供了详细的还款计划后，如果对方依旧威胁恐吓，那么创业者也不能因为自己是负债方就默默忍受。

最后，创业者需要清楚对方会不会实施他的恐吓计划。

有的人威胁、恐吓他人是受人怂恿一时冲动，有的人则是蓄谋已久，这个可以根据恐吓的具体场景来区分。创业者在确认了对方的身份和目的后，可以根据对方的性格来判断他是否会真正做出极端的事情。

在确认好以上三个方面后,创业者要向律师和警察寻求帮助。律师有着丰富的法律知识储备,可以冷静客观地帮助创业者分析问题,做出准确合理的判断,并指引创业者通过法律途径来解决问题。

寻求警察的帮助是非常有效的处理方式。在创业者人身安全与财产受到威胁,不确定什么时候会受到伤害时,报警提交证据备案,一是可以向对方表明自己的立场、态度,如果能威慑到对方,使其停止威胁恐吓行为就再好不过;二是在对方进一步实施威胁恐吓的行为时,可以依法追究对方的刑事责任。

《中华人民共和国刑法》第二百九十三条规定:

有下列寻衅滋事行为之一,破坏社会秩序的,处五年以下有期徒刑、拘役或者管制:

(一)随意殴打他人,情节恶劣的;

(二)追逐、拦截、辱骂、恐吓他人,情节恶劣的;

(三)强拿硬要或者任意损毁、占用公私财物,情节严重的;

(四)在公共场所起哄闹事,造成公共场所秩序严重混乱的。

纠集他人多次实施前款行为,严重破坏社会秩序的,处五年以上十年以下有期徒刑,可以并处罚金。

即使有了外力的帮助,创业者自身也要时刻关注周围的情况,提高自己的安全防范意识和遇事应变能力,并叮嘱家人注意安全。

讲述人:包先生

单位:北京某个体糕点店

职务:创始人

讲述要点:我遭遇了山寨商家的威胁

我来自"面包之乡"资溪,依靠自己精湛的手艺,在北京开了一家特色糕点店。因为产品好、口碑好，名声逐渐传了出去。我还开了分店，生意红火。

然而，我没想到的是，我的店铺走红之后，各种与我的品牌名只差一个字的山寨店铺迅速崛起。从店铺装修风格，糕点的外形、名称，到包装样式，全部都和我的雷同。还有商家直接挂着跟我们一样的招牌揽客，声称大家原料和产品都是一样的，只是老板不一样。

这时我才意识到商标与版权的重要性，开始了艰难的维权之路。在这过程中，我的人身、财产安全都受到了威胁。店里会接到各种恐吓威胁的电话，有时会突然涌进一群人闹事，给我和家人造成了很大的困扰。

但我知道，发生这种情况是因为自己做得对，对方害怕了，才会想用这种卑劣的手段让我停下。我一方面保护自己和家人的安全，另一方面在维权这条路上更加坚定地走下去，最终拿到了一张胜诉的判决书。

创业者不仅要学习包先生面对恐吓威胁的勇气以及坚定维权的态度，也要注意吸取经验，建立对商标、版权保护的意识。白手起家的创业者都很艰难，取得的成果被不法者窃取是非常让人痛心的。

只要创业者没有做违法的事，就身正不怕影子斜。不论对方出于什么样的目的做出威胁恐吓的行为，创业者都要冷静处理，相信法律的力量。在保障自己和家人的人身安全的基础上，及时寻求相关从业人员的帮助，及早解决问题，不要让它一直影响自己的生活。

12.2 善用证据链让你的案件更有胜算

创业者在创业过程中可能会面临一些意外的纠纷，不论是个人，还是公司，都会因纠纷而被迫停下脚步。因此在面对威胁时，为了得到法律更好的保护，创业者应该留好相关证据。

被恐吓的电话录音、视频等文件,与纠纷相关的交易转账记录、来往文件备份等,都需要留存好,这些证据在向警方登记备案时可以起到很大作用。

如果对方暴力上门讨债,强迫创业者签下巨额欠条,事后创业者只能硬着头皮、砸锅卖铁地还款吗?不是的。法律是严谨的,它会保障公民的正当权益。

创业者要明确一点:孤证不为证。一个证据终归有片面性,证人在被利益驱使的情况下,很有可能做伪证,所以法院需要其他的证据来补足证据链,最大可能地还原事件真相,以防错判。

那么如何收集有效的证据链?

第一,在进行交易或许诺重要约定时,创业者一定要留下双方签字盖章的书面文书,有照片或录音更好。

创业者在进行重要的交易时,一定要事先准备好需要签署的协议,借款要写好条理清楚的借条,要有双方的签字、盖章或手印。有条件的话,最好要求双方当面交谈,这样就可以在签署协议过程中留下照片、录音,甚至视频,以在必要时提供有力的证据。

第二,在非正式场合合作,事件发生时一定要即时录音、录像。

如果对方暴力催收,应保存相关录音;如果是线下约谈,创业者应保存相关录像及录音,这些文件都可以作为证据,还原真相。

第三,发生纠纷后注意证据收集。如果对方迟迟不归还借款,并扬言不打算还了,在没有证据的情况下,创业者在和对方交涉时,可进行录音,在谈话中确认借款事实并询问对方打算,对方的回答皆可以作为佐证。

此外,证人也很重要。在重要的交易场合,创业者可以邀请与双方无利益关系的第三方作为见证人。创业者还要用心观察身边具有记录功能的工具,有时路边的监控能起到大作用。

在这样万全的准备下，一旦有什么意外发生，创业者都可以拿出齐全的证据链，可能在闹上法庭前，对方就已经心虚而选择息事宁人。

以租赁商铺为例，首先，保存完整的、经过双方签字的合同文件，以及签合同时与房东的合影和录音，都能证明当时的情况。

其次，汇款的交易记录、汇款之后与房东在社交软件上的消息确认截图、电话录音等都可作为日后解决纠纷时的证据。如果临时更换了支付渠道，说明更换原因的截图或录音，更换之后的汇款记录与确认消息同样需要留存一份。

以上的证物再加上在场证人，就是一个再完美不过的、有效的证据链。例如，如果房东忘记创业者是否交房租，或者刻意刁难，或者由于私人原因在合同期内将创业者提前赶走，创业者都可以拿出完整的证据链来反驳对方。从实际案件的判决来看，拥有完整证据链的一方更容易胜诉。

创业者在经营过程中要处理各种各样的事，大到公司的前进方向，小到产品的瑕疵。在如此高强度的工作下，创业者更应该在每个细节上都做到严谨，以杜绝隐患。

12.3　如何有效催讨债务

创业过程中的各个环节都是环环相扣的，一旦其中一个环节出了问题，不仅会使下一个环节受到牵连，还可能使公司陷入险境。

很多时候，创业者发出了产品，却迟迟收不到买家的汇款，这时创业者一定要立即采取行动，拖延只会增加拖垮公司的风险。

讲述人：王先生

单位：某短视频公司

第 12 章 贷款经营：冷静应对危机

职务：总经理

讲述要点：当面讨债

我出生在一个农民家庭，小时候的日子过得太苦，所以大学毕业没多久就选择了创业。当初的想法特别简单，就是想赚钱让家里人过上好日子。

我在市区租了 150 平方米的房子，雇了不到 10 个员工，从事短视频行业。大家一开始什么都不懂，都是一边做一边学，有问题就赶紧改正。

第一年广告的销售额是 300 万元，其中有 60 万元都来自某地的一家公司。但它的项目款一拖再拖，快到年底了还没有支付给我们。我一边向那家公司催债，一边应付房东的催债，还要为员工的工资发愁。

后来实在没办法，我独自一人跑到那家公司讨债，但连续五天都吃了闭门羹。第六天一大早，我就守在这家公司老板的家门口，等她开门出来，我马上跑到她面前，叙述公司的种种困境，这才要回了这笔救命钱，让公司活了下来。

当然，这只是个例，并非适用于所有情况。总之，创业者一定不能坐以待毙，要针对不同的情况采取最有效的方法。

但创业者也要注意，不要因为一时情急，采取暴力催收的手段。催讨债务对创业者来说是合情合理的，但对他人采取暴力行为是违反法律的，创业者不能以身试法。

另外，讨债会浪费很多精力、时间、金钱，很可能会进一步拖垮公司，所以创业者要找到合法且成本较低的方式讨债。这里介绍几个讨债方式，如图 12-1 所示。

- 达成书面债务调解协议
- 公证债权文书
- 采取财产保全措施
- 申请支付令
- 发律师函

图 12-1　合法且成本较低的讨债方式

1. 达成书面债务调解协议

如果对方明确表示现在没有能力还清债务，创业者应该及时与对方形成书面的债务调解协议，确保自己的基本利益能够得到保障。协议经双方确认后，创业者应及时向法院申请对此协议的司法确认。

这样一来，协议就有了法律效力。如果对方不履行协议，不必经过诉讼程序，创业者有权直接申请法院调解和强制执行。

2. 公证债权文书

在商业合作中，创业者可以办理债权文书，在文书中明确对方所欠金额、偿还时限和担保人等事项，并进行公证。

如果过了偿还期限，对方仍不履行义务，不必经过诉讼程序，创业者可依据公证的债权文书直接向法院申请执行。

3. 采取财产保全措施

《中华人民共和国民事诉讼法》第一百零三条第一款规定：

人民法院对于可能因当事人一方的行为或者其他原因，使判决难以执行或者造成当事人其他损害的案件，根据对方当事人的申请，可以裁定对其财产进行保全，责令其作出一定行为或者禁止其作出一定行为；当事人没有提出申请的，人民法院在必要时也可以裁定采取保全措施。

第一百零四条第一款规定：

利害关系人因情况紧急，不立即申请保全将会使其合法权益受到难以弥补的损害的，可以在提起诉讼或者申请仲裁前向被保全财产所在地、被申请人住所地或者对案件有管辖权的人民法院申请采取保全措施。申请人应当提供担保，不提供担保的，裁定驳回申请。

根据这两条规定，创业者可以通过及时采取财产保全措施，查封对方的账户或冻结对方资产，来向对方施压，以尽快达成和解。即使对方无法偿还，也可以尽可能减轻创业者的经济损失。

申请财产保全措施需要创业者向人民法院提出债务诉讼，同时递交一份财产保全申请，并提供有关债务人的财产情况，以便人民法院采取查封、扣押、冻结或者法律规定的其他方法。

4. 申请支付令

《中华人民共和国民事诉讼法》第二百二十一条规定：

债权人请求债务人给付金钱、有价证券，符合下列条件的，可以向有管辖权的基层人民法院申请支付令：

（一）债权人与债务人没有其他债务纠纷的；

（二）支付令能够送达债务人的。

第二百二十三条第二、三款规定：

债务人应当自收到支付令之日起十五日内清偿债务，或者向人民法院提出书面异议。

债务人在前款规定的期间不提出异议又不履行支付令的，债权人可以向人民法院申请执行。

5. 发律师函

发律师函虽然意味着创业者准备启动法律程序，但它并不是正式的起诉。在某种程度上，发律师函只是向对方传达创业者坚定的态度，以期引起对方对问题的重视。

即使不通过诉讼，也有很多正规的方法来催讨债务。创业者要根据对方的情况果断采取措施，高效收回资金。创业期间，每笔资金都是非常宝贵的，创业者不能因为有所顾忌而不敢催讨债务。

合同、调解协议、债权文书等，都要双方在书面上签字或盖章确认。在发生纠纷时，它们会成为对判决或裁定非常有利的证据和申请法院帮助的依据。

同时，如果欠款数额不是很明确或者存在争议，创业者就要保留每次的催账单。不论是本地客户，还是外地客户，创业者都要保存好邮寄的纸质文件及邮寄凭证。如果对方没有对催账单上的数额表示异议，超过一段时间后，会被视为他默认这个数额的正确性。

12.4 "加杠杆"要适度

金融杠杆是指将借到的货币追加到用于投资的现有资金上，可以通过资产负债表体现。资产负债表由资产、负债和资本构成，简单来说，资产（创业者所拥有的东西，如房产、股票、现金及其他有价值的东西）=资本（自己的钱，如工资）+负债（借/欠的钱，如银行贷款）。

例如，创业者拥有500万元，向银行贷款1500万元，购买了价值2000万元的设备。那么创业者的资本是500万元，负债为1500万元，资产是2000万元。

我们通常用资产与资本的比值来衡量金融杠杆的倍数，例如在上个例子中，金融杠杆的倍数为4（金融杠杆的倍数＝资产÷资本＝（500+1500）÷500），相当于创业者用500万元的资本，撬动了4倍杠杆的资产。

资本的金额是固定的，因此在负债增加的同时，资产也在增加。增加负债是在分母不变的情况下提高分子，所以想要加大杠杆的倍数，只需要借入更多的金钱即可。

通过贷款扩大投资规模，以求获得更高投资收益的方式，就叫作"加杠杆"。

"加杠杆"的优势是显而易见的。由于公司和创业者个人的资源有限，公司的人力、现金和技术储备都有可能不足，"加杠杆"可以提高有限资源的价值，达到以小博大的效果。

需要注意的是，创业者在"加杠杆"前，要先客观、准确地评估公司的收益，只有在未来收益率高于贷款利率的前提下，"加杠杆"才是有利可图的，否则只会适得其反。

"加杠杆"的风险很大。例如，某创业者拥有500万元，他非常看好公司未来的前景，于是他向银行贷款1500万元用于公司的发展。

在不计算利息的情况下，如果他的公司在接下来一年中获得2000万元的收益，那么还清贷款后，该创业者还赚了500万元；如果公司在第一年只有500万元的收益，那么其收益都不足以偿还银行贷款。

很多年轻的创业者在商场中几乎可以说是一无所知的菜鸟，他们站在悬崖边试图起飞，结局要么是翱翔天空，要么是摔到崖底。第一次创业对创业者来说，更大的影响就在于使创业者对自己的身份认知完成从象牙塔中的孩子到商人的过渡。

在这个过渡中，创业者既要保持"初生牛犊不怕虎"的勇气，也要经受住如同恶狼捕食前饥饿感的煎熬。只有这样，创业者才会对成功有本能的渴望，才会具备商人的眼界和魄力。

相比过去，现在的市场对创业者很宽容，创业者获得融资也较为容易。然而，太容易拿到钱对创业者来说，未必是件好事。

融资太过简单，创业者就会不珍惜手中的钱，甚至错误地将融资的钱当成自己能力的体现，当成公司的营业额。

尤其对于小成本创业者来说，筹到的资金就是自己的全部身家，需要格外地精打细算，以保证公司的平稳发展。因此，小成本创业者要明白，保守经营是基础，让公司活下来才是王道，"加杠杆"这种靠运气、高风险的方式非常不适用于他们。

近年来，随着高杠杆的风险逐渐被更多的人所熟知，很多公司和机构也在逐渐"去杠杆"，即减少使用金融杠杆，把原先通过各种方式或工具借到的钱退还回去。

创业者需要认识到，杠杆是一个利弊都非常明显的工具。所以在使用前，创业者必须仔细分析公司的收益预期和可能遭遇的风险，通过多方权衡找到最合适的平衡点，确保能挣到钱并且安全可控。

低成本创业者更要估算好自己的财产与可承担的风险，不要抱着侥幸的赌徒心理去"加杠杆"，以小博大需要建立在自身能承受的范围内。

12.5 警惕"714高炮"陷阱

"714高炮"指的是那些期限为7天或者14天、利息年化基本上超过1500%的高利息网络贷款。高炮是指高额的"砍头息"，即高利贷或地下钱庄给借款者放贷时，先从本金里面扣除一部分钱作为利息、服务费用、逾期费用或违约金。基本上多数的"714"贷款都是 7 天期限。

很多人认为银行贷款操作起来很麻烦，所以更偏向于选择手机 App 上的互联网金融贷款，但他们并不认真查看 App 上冗长的协议条款，对于手续费和利息问题也不清楚，一不小心就会掉入高利贷的陷阱。

央视 2019 年"3·15"晚会曝光了"714 高炮"非法网络贷款骗局，将这种困扰无数人的"超利贷"公之于众。

据晚会报道，某女士仅借款 7000 元，但在短短三个月时间里，就背负了 50 多万元的债务，每天都生活在焦虑和恐惧之中。

另一名男士在某网贷平台贷了 2000 元，平台在验证资料时，将他手机通讯录的资料全部复制，并声称若该名男士逾期不还的话就会逐个给其通讯录好友打电话要钱。

这些贷款平台的敲诈手段大同小异，一般都是先通过广撒网的方式电话询问对方是否有资金需求，并声称自己的平台是合法、正规的。如果受害者着急用钱，可能就会在对方的远程指引下在平台进行注册借款，但不久平台就会以逾期费、违约金、催收费等各种名目向受害者催收借款。当受害者不愿支付时，平台会用恶意软件不断骚扰受害者通讯录中的联系人，迫使受害者支付高额利息。

此外，有的公司还会与催收公司合作，甚至自身就有催收业务，用一些暴力手段逼迫受害者还钱。这种行为不但违法，也会给受害者带来身体与心灵的双重打击。

有些创业者在面临暴力催收时，眼睁睁看着自己的店铺被冲进来的暴徒肆意打砸，但面对离谱的高额债务，他们敢怒不敢言。

在创业过程中，创业者可能会因为资金链出问题而选择借贷，这时创业者一定要擦亮双眼选择正规机构。如果遇到高利贷，创业者可以通过法律途径维护自己的权益。

创业者要明白，法律不支持"砍头息"以及高额逾期利息，"714高炮"属于违法行为。

最高人民法院《关于审理民间借贷案件适用法律若干问题的规定》（简称《借贷解释》）第二十七条规定："借据、收据、欠条等债权凭证载明的借款金额，一般认定为本金。预先在本金中扣除利息的，人民法院应当将实际出借的金额认定为本金。"也就是说，法律只将实际到账的金额作为本金，假设借据上写了本金是10万元，但实际到账只有8万元，那本金就是8万元。

同时，法律对逾期利率也做了规定，根据最新修订的《借贷解释》第三十条："出借人与借款人既约定了逾期利率，又约定了违约金或者其他费用，出借人可以选择主张逾期利息、违约金或者其他费用，也可以一并主张，但是总计超过合同成立时一年期贷款市场报价利率四倍的部分，人民法院不予支持。"也就是说，不论合同如何规定，假设创业者借了1万元，当年的一年期贷款利率为3.7%，一年下来的违约金加上逾期利息以及各种合约上出现的约定费用，总计最多需支付1480元。

除此之外，高利贷还有各种诈骗套路，在我们采访的创业者中，有一位就因遭遇了套路贷而破产。

讲述人：张先生

单位：某地产公司

职务：总经理

讲述要点：我遭遇了套路贷

2019年3月，我经人介绍与孙军（化名）认识。因建设某房地产项目的资金需要，在2019年5月，我以月息2分（年息24%）向孙军借款4500

万元。

10天后，孙军突然找到我说，借出来的4500万元没有抵押物，没法跟老婆交代，希望能签订抵押合同。

但是当时我们的楼房都还没盖好，只有4000平方米门面房能作为抵押物，当时的市场价格在8000元/平方米左右，孙军却提出按2500元/平方米进行抵押。

我当场提出疑问，孙军说就是给他老婆看看，不是正式的抵押合同，抵押面积写6000平方米就行，我就按着孙军的意思将抵押面积写成了6000平方米。

这份非正式的虚假抵押合同成了公司破产的导火索。2019年6月中旬，孙军又找到我，说我出具假的抵押合同诈骗他。公司只有4000平方米的商铺，抵押时却说有6000平方米。

后来，孙军声称要把我告上法庭，除非把月息全部调到6分（年息72%），不然就让我坐牢，于是我妥协了。此后，孙军再次以虚假抵押为由，以极低价格占有了某小区二期项目1.04万平方米商铺及3.2万平方米的住宅，总价值约2.5亿元。

尽管最终法院以强迫交易罪判处了孙军的罪行，但我的项目已无法挽救。

创业过程中，各种压力都会随之而来，其中金钱压力既直观又直击要害。所以创业者面对金钱的利益冲突时，一定要慎之又慎。

当资金运转出现困难时，创业者要采取合理、合法的贷款方式，尽量在银行贷款。如果选择别的贷款机构，在借贷时一定要仔细查看相关法律条文，当利益受到侵犯时，一定要勇于拿起法律武器维护自己的利益。

第 13 章　低成本倒闭：面对败局及时止损

在创业之路上，其实失败才是常态。面对无法扭转的失败局面，创业者应该怎么做才能实现低成本倒闭，以便日后东山再起？

13.1　重压之下，创业者更要保重自己

创业者所背负的压力无疑是巨大的，他们对内要把握公司前进的方向，制定相应的战略，对员工负责；对外要与多方周旋，在市场上撕开属于自己的一方天地。

创业者不仅承受着巨大的精神压力，还要经受身体上的折磨。很多创业者在创业初期都把公司当成家，殚精竭虑，日夜不休。普通人可能难以想象创业者承受的痛苦、焦虑与孤独。

很多创业者在巨大的压力下或主动或被动地结束了生命，有的人由于资金链断裂或公司破产选择自杀，也有人由于过度劳累生命戛然而止。

创业很艰难，因此创业者更要保重自己的身体，要知道，身体才是革命的本钱。

讲述人：王先生

单位：某生产公司

职务：职员

讲述要点：董事长坠楼身亡

听到这个噩耗时，我们都很意外，公司的经营一切正常，订单充足，生产线在满负荷运行。一切看起来都很顺利，没人想到会是这种结局。

听说董事长被人发现时，已经倒在了某酒店前的血泊里。有人看到之后报了警，警方赶到现场确认了死者身份后通知了其家人与公司。

董事长是一位实干家，讲诚信，对员工也很好。可能公司的规模越大，董事长承担的责任也越多吧。一开始我以为，没到那个位置我们理解不了他经历的事情，也体会不到那种压力与绝望，因此难以理解他的选择又觉得很惋惜。

后来听说董事长借了高利贷在别的地方投资，虽然公司运营正常，但是利润根本不足以还上高利贷，最终董事长才选了这条路。

讲述人：周女士

单位：北京某互联网公司

职务：负责人

讲述要点：创业的丈夫心肌梗死意外去世

他去得很突然。在我面前他不怎么抱怨，但是他生前一天中几乎24小时都在工作，每一天都很焦虑。

有一次他喝醉了，说自己每天吃不好、睡不好，晚上睡前担心资金链断裂，挂念着公司的大小事情，而早上起来又给自己加油，鼓励自己一定可以。

融不到资金的时候他发愁要怎么提高公司的价值引入投资，融到资金了又要发愁公司怎样赚钱。精神的压力最后反馈到了身体上，才会导致现在的局面。

不论是由于承受不住内心的崩溃、外界的压力，还是因疾病的突然"到访"，创业者的非自然死亡都很让人惋惜。

在鼓励创业的大环境下，很多年轻人都将创业当作未来职业规划的一种选择。但是很多年轻人只看到那些商界传奇的成功案例，幻想自己能够取得同样的成功，其实现实远比想象要残酷。

腾讯企鹅智酷曾做了一项针对 5 万多名网民的创业意向调查，结果显示，从没想过创业的人只占 3%；偶尔想一下创业的人占 30%；有创业冲动，会经常思考创业问题的占 40%；剩下的人则已经走在创业的路上。

在创业过程中，有的人年纪轻轻就开始脱发；有的人一夜之间白了头；有的人连续一个月吃一样的饭菜，因为没有时间挑选；有的人在办公室写着写着无意识睡着；有的人在深夜崩溃大哭不能入眠。

在如此庞大的创业者群体中，成功登顶者只是其中很小的一部分。公司即使存活下来，中间也会有各种各样的问题与压力。

当然说这些并不是泼冷水，更不是危言耸听，而是希望创业者能够正视创业过程中的问题。创业意味着创业者没有了生活和工作的界限，在这种情况下，创业者一定要以前人为鉴，时刻注意自身健康。

13.2　理智看待创业失败

一些创业者第一次创业时就投入所有积蓄，还借了亲朋好友的钱，雄心勃勃想要做出一番大事业。但是在经营过程中，即便公司运转不周，他们也不肯放弃，最终债务越积越多，赔得血本无归。

创业者要认识到，一次失败并不可怕。在创业时不仅要有破釜沉舟的勇气，也要有前瞻的眼光，如果这条路走不通就及时放弃，等待下一次机会。

现在很多投资方会倾向于连续创业者，因为他们或成功或失败地操作过不止一个创业项目，有着切身的体验，深谙商业模式。他们可以从以往的经历中提炼出精华，在执行新的项目、分析未来发展前景时，都能比初次创业者做得更加完善与高效。

讲述人：孙先生

单位：北京某公关公司

职务：总经理

讲述要点：有危机意识，公司才会发展得更长远

关掉公司的那一刻，我解放了、释然了。回想当初做出把公司关掉的决定时，我整整痛苦了半年，既惋惜又心痛。没想到我引以为傲的公司，有一天竟然会变成鸡肋一样的存在，食之无味，弃之可惜。

我创业做公关公司没多久，就赶上了行业的瓶颈期。一些媒体开始自己接触用户，我们这些公关公司被抢了很多资源。后来，我们的利润被两端挤压，甲方那边的用户预算一直在向下砍，市场形势也大不如前，采购成本变得更高。

这导致在营业额不变的情况下，我们的利润减少了一大半。公司每个月都有订单，但是没有利润。更可怕的是，我发现公司逐渐失去了核心竞争力，我们做的事别人也可以做。

由于公司业绩不佳，我心态颓废，身体也垮了。创业初期，我工作起来废寝忘食、不分昼夜，而现在只要连续坐五个小时，就会觉得浑身不舒服，有虚脱的感觉。同时我对行业的嗅觉不再敏锐，探索新兴的资源渠道也有些力不从心。

回过头冷静地看这一路走来的历程，公司之前的项目太过单一，一家公司不能只做一款产品，应该不断丰富产品线。我也不应该只看眼前利润，而要对未来多做一些准备。居安思危，才能走得更远。

最开始创业时，创业者都意气风发、不知疲倦地工作，挥洒自己的满腔热血，梦想着指点江山，但在不知不觉中消磨了自己的热情，也掏空了

身体。

在败绩初显时，创业者要保持冷静的心态与理智的思维，客观地评估现状，在造成更大的损失前及时停手。

讲述人：郑先生

单位：某科技公司

职务：连续创业者

讲述要点：不要为了创业而创业

我最开始创业的项目是做服务型的机器人，做了大概一年多，公司营收不错，但是一直不盈利。再三权衡下，我果断放弃了机器人市场，转行做新能源汽车充电桩的项目。

然而，充电桩的项目也一直在亏损，当账面上的钱消耗得差不多，再也撑不起后期的运营时，我就把它也停掉了。

现在说起来很简单，但是当时做决定是很艰难的，我纠结了很久才决定放弃公司。

在启动充电桩的项目时，各种条件都很成熟，所以我对它的期待很高，对未来也信心满满。但是整个大环境的变化让我猝不及防，资本市场遇冷没有任何先兆，项目的投资方忽然告诉我没有钱了。

在危机开始显露时，我也曾四处寻求融资，做了我能做的一切，但依然无力回天。我没有迎来市场的暖春，也一直没有看到任何回暖的迹象，于是我在撑不下去时，结束了这一切。

在这方面我是个很冷静、理智的人。生活中几乎没有父母会放弃自己生病的孩子，一些父母宁可花光所有的积蓄，甚至负债累累也要让孩子多活一段日子。但在工作中，这样做是行不通的。面对已经无法挽救的公司，我必须及时止损，不然只会给自己带来更多麻烦，也辜负了跟随我的员工。

不能为了创业而创业，如果再给我一次机会，我一定要对项目仔细考量。

创业有时就像走在一条大雾弥漫的道路上，创业者不知道要走多远，也不知道什么时候能到达终点，可能走到一半便将资金消耗一空，只能返程。有时走着走着发现这条路和自己想的不一样，有的人选择果断离开，有的人选择坚持走下去。有的人走到终点发现是条死胡同，有的人在短暂欢呼后发现前方是更漫长的道路。

未来不可预测，创业者踏上创业这条路时，并不知道等待他的将是什么样的结局。但创业者也不要因此恐慌，而要将压力化作动力，拼尽全力做好自己可以做的，这样不论将来遇到什么问题，都能坦然面对。

13.3　申请破产的好处

在创业的路上，创业者不能遇到问题就缩手缩脚、轻言放弃，但也不能明知结局不乐观，还要靠执念咬牙坚持。当创业者确定自身处于无法扭转的败局时，要懂得及时止损，尽量低成本倒闭。

很多创业者在初次创业时投入了太多的热情与心血，看着公司像孩子一样蹒跚起步、慢慢成长，因此不能冷静、客观地面对公司的处境。他们不顾身边人的劝阻，一定要将公司支撑下去，最终自己负债累累，公司也被迫倒闭。

讲述人：吴先生

单位：某互联网公司

职务：创始人

讲述要点：创业失败，我躲进深山避世

我在大学毕业后上了两年的班，厌烦了每天枯燥地重复昨天的日子，于是选择跟朋友合伙创业。由于没有经验，公司一直在赔钱，我们想尽各种办法，但是后期连员工的工资也发不了，最终还是破产了。

公司破产后很长一段时间我都没能缓过来，把公司的债务还清后，我就选择到山上住，也没有跟家人联系。山上生活成本低，我告诉自己在这里生活是为了思考，但其实我也清楚自己是在躲避生活。

创业者要明白，很少有人初次创业就能获得巨大成功，缔造出传奇公司的创始人更是凤毛麟角，而且他们在成为传奇之前，也经历过很多挫败。

创业不是一蹴而就的，初次创业就成功自然是极大的惊喜，但对于失败，创业者也不要太过沮丧。失败是为了更好地成功，后面还有很长的路要走。

因此，在初次创业失败后，创业者要尽可能将损失降到最低，这样才能凭借着丰富的经验，尽早杀一个"回马枪"。

《中华人民共和国企业破产法》第七条第二款、第三款规定："债务人不能清偿到期债务，债权人可以向人民法院提出对债务人进行重整或者破产清算的申请。企业法人已解散但未清算或者未清算完毕，资产不足以清偿债务的，依法负有清算责任的人应当向人民法院申请破产清算。"也就是说，当企业出现法律规定的这两种情形时，创业者可以提出破产申请。然而，申请破产并不是简单地宣布一下就可以，创业者还需要准备材料走法律程序。

申请破产也是为了尽可能减少债务人和债权人的损失。市场经济是竞争经济，优胜劣汰是大势所趋，在适者生存的残酷法则中，破产制度能保证被淘汰的公司顺利退出市场。

很多拖到最后被法院宣布破产的公司，不仅其创始人背了无数的债，债权人也无法收回自己的钱。如果市场中这样的情况很多，那么，整个市场的经济流转与信用保障都将受到很大影响。

如果能在走到这一步前申请破产，创业者其实能受到一定的保护，而且因为在可控范围内，债权人也不会遭受更严重的损害。另外，在法院的主持下，破产公司资产的利用率也能得到提高。

13.4　严格执行公司注销程序

在经历了创业失败的打击后，一些创业者会觉得一切都结束了。这些创业者的未来是否会出现转机尚不可知，但其公司的相关事务并没有就此结束。

讲述人：艾先生

单位：某互联网公司

职务：总经理

讲述要点：不要忽视注销公司

我第一次创业时，成立了一家互联网公司，天使投资者很看好我的项目，并投资500万元。但在运营过程中，由于我决策上的失误，项目失败了。

虽然我用尽了一切方法，但最后也没能将公司从绝境中挽回。我的心情非常沮丧，有一年的时间都没有走出来。后来在家人与朋友的开导以及创业同伴们的鼓励下，我决定再次创业。经过对之前失败的反省，我拿出了全新的方案，新的投资也基本谈妥，一切看起来都非常顺利。

然而我在申请工商登记时，却被工作人员告知，由于我没有对上一家公司依法办理注销，上一家公司的营业执照处于被吊销的状态，我也被列入了本地工商行政管理部门的黑名单。如果开设新公司，我无法担任公司的法定代表人、董事、监事等职位。我眼中光明的未来突然又蒙上了一层乌云。

大部分创业者都忙于项目本身，指导着公司的大方向，不一定会参与到每个细节中。在经历第一次创业失败后，很多创业者都深受打击，陷入自己的悲伤情绪中无法自拔，没有将公司的相关事宜处理完善，以致为以后埋下祸患。

《公司法》第一百八十八条规定："公司清算结束后，清算组应当制作清算报告，报股东会、股东大会或者人民法院确认，并报送公司登记机关，申请注销公司登记，公告公司终止。"由此可见，公司注销有明确的法律规定，是终止公司的一项法定义务，如果没有履行这个义务，后果十分严重。后果主要体现在以下两个方面。

1. 对公司

没有依法注销的公司，仍需要办理年检。但已经倒闭的公司无人运营，自然也不会去办理年检，这会导致公司的营业执照被依法吊销，公司的经营资格被强制剥夺。

2. 对公司的法定代表人

对于公司的法定代表人来说，不严格执行公司注销程序，导致公司被吊销营业执照，也会有一系列麻烦。

根据《企业法人法定代表人登记管理规定》第四条第六项规定，担任因违法被吊销营业执照的企业的法定代表人，并对该企业违法行为负有个人责任，自该企业被吊销营业执照之日起未逾三年的，不得担任法定代表人，企业登记机关不予核准登记。

根据《公司法》第一百四十六条第一款第四项规定，担任因违法被吊销营业执照、责令关闭的公司、企业的法定代表人，并负有个人责任的，自该公司、企业被吊销营业执照之日起未逾三年，不得担任公司的董事、监事、高级管理人员。

如果创业者在新公司不能担任董事、监事等职位，就会丧失对公司运营的决策权。而且，在此期间，创业者即使不再创业，在别的公司担任高管也不被法律允许。这将为创业者个人的事业发展带来很大的阻力。

近年来我国的工商体系逐渐健全，公司注册以及注销等事项都有了相当严格的规定，所以对于注销公司的问题，创业者千万不能掉以轻心，如果公司不再经营，一定要及时将其注销，以除后患。